EFTER HEROSTRATOS

EFTER HEROSTRATOS

Politologiske studier i brugen af frygt som politisk våben

Birthe Hansen

PS
Politiske Skrifter

Efter Herostratos
Politologiske studier i brugen af frygt som politisk våben
Birthe Hansen

Redigeret af Carsten Jensen

Copyright Carsten Jensen
2023

Politiske Skrifter/PS' Hard Work-serie nr. 6.

Forlag: BoD – Books on Demand, Hellerup, Danmark
Tryk: BoD – Books on Demand, Norderstedt, Tyskland
ISBN: 9788743056089

Efter Herostratos. Indhold:

Forord   7

Terrorisme og Den nye verdensorden (2002)   11

At definere terrorisme (2003)   45

Terrorismens århundrede? (2006)   73

Terrorbegreb og -terroropfattelse efter 9/11 (2010)   95

De danske partier og Islamisk Stat (2015)   105

Læren fra Herostratos (2006/2023)   125

Samlet litteratur   131

Bilag:

Første bog om 11. september (2001)   141
Peter Hagmund, bogomtale.

Terroren kender ikke til forbehold (2001)   143
Pia Friis Laneth, Interview med Birthe Hansen

Bogudgivelser af Birthe Hansen   149

Waves of fear, attack in the night
Waves of fear, sickening sights
My heart's nearly busting,
my chest's choking tight
Waves of fear
Waves of fear

Lou Reed
Fra *New York* (1991)

Forord

Denne bog udgives i skyggen af Hamas' terrorangreb i Israel d. 7. oktober 2023 og den efterfølgende krig. Den fandt sin endelige redaktion netop på denne dato, men arbejdet med at udvælge tekster til bogen blev startet i weekenden før. Lidet anede jeg den 1. oktober, hvor aktuel bogen ville blive. Netop overraskelse er da også en central del af brugen af frygt som politisk våben ifølge den måde, som Birthe Hansen (1960-2020) så det på.

Herostratos brugte ifølge værket *Hellenika* af den oldgræske historiker Teopompos (380-315 f. k.) ødelæggelse og frygt som midler til at blive berømt med. Hans følgere i den moderne terrorisme bruger hans midler mere direkte politisk. Det vil sige som midler til at opnå mål i forsøg på at styre andre menneskers liv. Men de bruger også frygt og ødelæggelse i forlængelse af Herostratos som midler til at skabe opmærksomhed med.

Teksterne i denne bog rettede sig oprindeligt mod faglige og professionelle fora, men en større del af Birthe Hansens skriftlige arbejder om terrorisme rettede sig mod offentligheden, som formidling og som diskussionsoplæg i bog- og artikelform. Birthes første selvstændige udgivelse om terror var en debatbog, *Terrorisme. De utilfredse og Den nye verdensorden* (2001) Den blev skrevet på opfordring af forlagsredaktøren Simon Pasternak, der mente at netop hun med hendes store formidlingsevner ville kunne skrive en vellykket sådan. Den næste var en lærebog: *Terrorisme på tværs. Civilsamfundets mørke* side. Den udkom i 2003 og er siden blevet revideret og genoptrykt en del gange.

Selvom begge bøger blev omtalt, solgt og brugt godt, var Birthe dog lidt ked af, at få betegnelsen 'terrorforsker' klistret på sig. Hun mente, at hun især forskede i sikkerheds- og international politik, at terroremnet kun var en mindre del af denne tematik - og at hendes selvstændige forskningsbidrag mht. terror i øvrigt var af ret begrænset omfang. Hun skrev da også kun fem mindre 'fagartikler', der er medtaget her. Men dertil et par tekster 'med videnskabeligt præg', der blev udgivet i en mere direkte praktisk politisk sammenhæng, samt en hel del folkeoplysende artikler.

Siden 2006 vendte Birthe kun få gange tilbage til terrortemaet, men fokuserede mere på sine kerneområder. Under alle omstændigheder handlede ingen af hendes større udgivelser herefter om terror, selv om hun i alt udgav i alt over 20 tekster med terrorisme som hovedemne. Af disse blev seks skrevet sammen med Carsten Jensen/undertegnede, mens én udgivelse, *Terrorisme. Information og kilder* (2001), blev lavet i samarbejde med Kajsa J. N. Petterson.

Denne bogs tekster behandler især terror og terrorisme i et teoretisk og generelt perspektiv: hvad er terrorisme, og hvordan kan den bedst teoretiseres i en politologisk tilgang. Birthe søgte især at præcisere, hvordan terror skal opfattes og afgrænses, og hvad der har været de store linjer i brugen af terror som politisk middel. Den tilgang, som Birthe især brugte, var den såkaldte neorealisme i teori om international politik. Umiddelbart var det da også et overlap, angrebene i New York den 11. september, 2001, der igangsatte Birthes interesse for at definere og faseopdele terrorismen mere præcist. Hun fandt i begrebet om 'Den nye verdensorden' en af de primære referencer i hendes bud på forklaring af terrorismen i det nye årtusinde og i forestillingen om 'terrorbølger' et af hendes centrale analytiske redskaber.

Teksten 'De danske partier og Islamisk stat' afviger noget fra dette mønster, idet den for det første kun indirekte behandler terror, og for det andet er et af de få bidrag til *studiet* af konkret dansk politik fra Birthes hånd. Den er medtaget her på bekostning af mere nærliggende tekster om terrorisme, netop fordi den kan være med til at give et bredere indtryk af Birthes indsats.

Endelig er der medtaget en hidtil uudgivet debatterende tekst, *Læren fra Herostatos,* der drøfter forholdet mellem terrorister, journalister og forskere. Det forekommer vigtigt også at tage denne diskussion op i forhold til terrorisme, hvor hensyn til omtalen af terrorhandlingen (det herostratiske element) netop udgør en så vigtig dimension, at både forskeren og journalisten risikerer at blive aktive dele af terroristens plan og gennemslag.

Bogens titel spiller naturligvis på den netop omtalte tekst, mens undertitlen er en let omskrivning af en titel på en af Birthes mindre formidlende tekster, der kom i *Samvirke* i 2002 under titlen 'Terror som politisk våben'.

Der er endelig medtaget et bilag, der består af de, så vidt jeg kan se, første to tekster, der introducerede Birthe som 'terrorforsker' i offentligheden. I øvrigt står bogens fagtekster for sig selv, sådan som de blev udgivet mellem 2002 og 2015. Der er kun foretaget helt marginale rettelser af slå- og kommateringsfejl, ligesom der er tilføjet de enkelte tekster data mht. oprindelig udgivelse.

Carsten Jensen, København, oktober 2023

Terrorisme i et verdensordensperspektiv[1]

De senere års terrorisme har i stigende grad været islamistisk motiveret. Den aktuelle terror ser imidlertid ud til at have andre årsager end Samuel Huntingtons civilisationssammenstød. I artiklen forklares bølgen og 9-11 med relativt tab af position, og der foreslås en neorealistisk inspireret analysemodel.

Terrorismeforskningen har i mange år levet som et aktivt og produktivt område. Der er blevet produceret mange resultater, lavet undersøgelser og case-studies af alt fra overordnede tendenser til konkrete terrorister og forskningen er kommet ud i bogform[2], i emnetidsskrifter og på konferencer. Terrorismeforskningen har hidtil vært meget tværfaglig og har haft et markant sektorforskningspræg – ikke så teoretisk og med vægt på konkrete studier frem for på generelle teoridannelser.

Efter angrebene den 11. september 2001 (herefter 9-11) området imidlertid stillet overfor nye spørgsmål. For det første om der virkelig var tale om noget nyt? For det andet, hvordan man mest frugtbart analyserer og forklarer 9-11 og konsekvenserne heraf – kan man bruge den hidtidige forskning? For det tredje hvordan men kan integrere studiet

---

[1] Fra *Politologiske studier*, årg. 5, nr. 3, 2002.
[2] Se f.eks. hovedværker som Wilkinson 2001, Harmon 2000, Juergensmeyer 2000, Taylor og Horgan 2000, Hoffman 1998 og Laquer 1987.

af terrorisme i den teoretiske del af international politik-
forskningen og dermed udvikle IP-teori til også at kunne
behandle et fænomen som terrorisme.

Formålet med denne artikel[3] er at komme med et forslag til
det tredje spørgsmål om IP-teori og terrorisme, og derved at
svare også det det andet spørgsmål – vedrørende en
forklaring på 9-11. Det første spørgsmål kræver en debat for
sig. Her skal det blot antages, at der er tale om noget virkeligt
nyt på grund af angrebenes målestok, den schumpeterianske
innovation i deres karakter samt kombinationen af
netværksorganisering og en aktiv og direkte 'failed state'-
støtte (Hansen, 2001).

Nedenfor argumenteres der for, at terrorismeforskningen
såvel som IPteorien kan vinde ved det såkaldte 'verdens-
ordensperspektiv', der dels kan forklare udbrud af større/an-
derledes terrorbølger, og dels kan integreres i den eksiste-
rende IP-teori. Der gives dernæst en forklaring på terrorisme
som 9-11 ud fra verdensordensperspektivet, og der peges på
en række fremtidige risikoområder og –situationer.

Først diskuteres imidlertid Samuel Huntingtons civilisations-
tese (som har været centralt placeret i debatten og repræ-
senterer et af de få hidtidige helhedssyn) for at 'kridte banen
af', vise fordele og ulemper samt pege på, hvordan en ny
model kan gøre nytte.

---

[3] En stor tak til Carsten Jensen og Morten Valbjørn for kommen-
tarer.

Terrorisme kan forstås alment som 'civiles vold mod ikke-kæmpende med et politisk formål'. 'Civiles vold' ses dermed i modsætning til 'statsterror', der ikke er medtaget her, da statsterror anses for at have andre årsager og dynamikker. 'Politik forstås meget bredt som beslutninger med gyldighed for et fællesskab. Dermed omfatter det også religiøse og ideologiske mål af en størrelsesorden, der har konsekvenser for fællesskaber. Det kan f.eks. være indførelse af islamisk lov, sharia, eller krav om tilbagetrækning af tropper på grund af disses angiveligt vantro eller imperialistiske karakter. Definitionen er således udpegende og afgrænsende. Ud fra definitionen kan der imidlertid laves typologier ud fra dens motivation og særtræk[4]: Politisk-ideologisk, religiøs, kultmæssig, statssponsoreret samt pressionsterrorisme.

Et andet begreb, der er centralt i artiklen, er 'verdensorden'. Verdensorden forstås som en kombination af polaritet (hvor mange og hvilke supermagter er der i det internationale

---

[4] Disse typer omfatter de mest almindelige måder at underopdele terrorisme på – der er imidlertid tale om opdelinger på forskelligt grundlag, og typerne er ikke ensartede. Når terrorisme opdeles efter motivation, lægges der nogle gange 'motiv' bag, andre gange 'begrundelse' eller 'mål: I artiklen her bruges 'motiveret' ud fra, hvilken begrundelse, der gives for den pågældende terror. For eksempel bruges typen 'islamisk motiveret terrorisme' om terror, der udføres af grupper, der begrunder deres handlinger med islamiske budskaber i form af krav og retfærdiggørelser og/eller som har sådanne i deres programerklæringer. Typologier skal ses som generelle opdelinger, da mange terrorhandlinger og grupper vil overlappe en eller flere typer.

system) og de tilstedeværende supermagters politiske projekter. Konkret forstås den aktuelle verdensorden som kombinationen af den amerikanske unipolaritet og USA's politiske projekt for udbredelse af markedsøkonomi og liberalt demokrati.[5]

Artiklen bygger på Samuel Huntingtons tese, neorealismen, egen forskning samt den eksisterende terrorforskning (især David Rapoport). Den har grundlæggende fem pointer:

1. At Huntington har givet et interessant bud på den aktuelle verdensordens udfordringer, men at han har overset en vigtig, bagvedliggende variabel.
2. At man med neorealisme kan opstille en bedre model for terrorisme
3. At en vigtig forklaring på 9-11 er den 'relative decline', som Mellemøsten har gennemgået siden koldkrigsafslutningen
4. At terrorisme er en udpræget risiko under unipolaritet, og at unipolen er et fremtrædende mål
5. At politiske strategier kan gøre en forskel i terrorbekæmpelsen – også under unipolaritet.

---

[5] I forbindelse med 'verdensorden' skal der tages tre forbehold: for det første, at verdensorden ikke er statisk, men genstand for udvikling og fluktationer. For det andet, at begrebet intet har med Wallersteins verdenssystem at gøre, selvom betegnelsen kunne associere i en sådan retning. For det tredje, at også andre mål end demokrati og markedsøkonomi indgår i projektet; disse to udgør imidlertid de mest markante og typedefinerende træk.

Huntington og civilisationerne

Samuel Huntington var en af de første, der gav et bud på verdenspolitikkens udviklingen efter Den Kolde Krig (Huntington 1993; 1997), og han er stadig en af de få der har forsøgt at give et bud på et helhedssyn. Huntington selv sammenfattede sit synspunkt i'civilisationernes sammenstød'. Skillelinjen i verdenspolitikken "is now the line separating peoples of Western Christianity, on the one hand, from Muslim and Othodox peoples on the other" (1997:28). Hans grundlæggende tese kan yderligere sammenfattes i 'islams mange små sammenstød med Vesten'. I debatten om 9-11 har Huntington selv peget på (2002), at hans tese ikke umiddelbart kan tages i brug, men at civilisationssammen-stød kan blive realiteten på længere sigt.

Gennem tiden har mange kritiseret Huntingtons civilisations-begreb, hans islam-forståelse og hans metode (f.eks. Ajami 1993, Norrris and Inglehart 2002). Andre har imidlertid peget på, at der i forhold til terrorisme er tegn på, at terrorisme mellem civilisationer har fået overtaget i forhold til terror inden for civilisationer, hvilket kan ses som en støtte til Huntingtons tese (Weinberg and Eubank 2000). Atter andre har taget afstand fra Huntingtons præmisser, men har delt hans advarsel om, at islamisk utilfredshed med Vesten i fremtiden kan føre til øget konflikt (Andersen og Aagaard 2002).

Spørgsmålet er, om 9-11 og den bølge af islamisk terrorisme, der har vist sig i 1990'erne, kan forklares med Huntingtons pointer, som i kort form er, at forskellene på Vesten og islam er grundlæggende, og at træk ved islam i kombination med Vesten politik har ført til og risikerer at føre til en række konflikter, herunder øget islamisk begrundet terrorisme mod Vesten.

Hypotesen her er, at Huntingtons forklaring ikke er dækkende, fordi han overser en vigtig bagvedliggende variabel. Den bagvedliggende variable knytter sig til udviklinger i det internationale system, der skaber tab af position og grobund for terrorisme. Når der det seneste årti har været mange terrorhandlinger med udgangspunkt i Mellemøsten, ses dette i stedet som en konsekvens af, at netop Mellemøsten tabte på Koldkrigsafslutningen. På nogle måder mere end den direkte taber Sovjetunionen og dens nære allierede i Østblokken.

Fokus er dermed blevet flyttet fra islam (som det som regel er i Huntingtondebatten) til terrorisme med udgangspunkt i Mellemøsten i islam. Den terror, der er tale om og som er blevet en bølge i løbet at 1990'erne, har nemlig typisk udgangspunkt i Mellemøsten – men den er også islamistisk motiveret. Hvis man vil se på den aktuelle terrorbølge, er det vigtigt at have begge aspekter med: bøgen har både et geografisk og et motiveringsmæssigt tyngdepunkt, og dette kan bidrage til at præcisere forklaringen af dens opståen.

Debatten er både fagligt relevant og politisk vigtig. I disciplinen international politik er man nødt til at fremsætte hypoteser på en kompleks baggrund, men når muligheden er til stede, må hypoteserne testes og/eller udsættes for kritisk refleksion. Det er en relevant faglig debat, om fænomen x kan forklares med faktor y eller z. Politisk set er det vigtigt, om IP'erne peger på civilisationssammenstød eller andre årsager til, at en bestemt form for terrorisme forøges. Det er meget forskellige modtræk, der skal sættes i værk – afhængigt af, om man anser islam, fattigdom, psykologiske traumer, internationale systemskifter eller noget helt femte som årsagen.

For en ordens skyld skal det med det samme understreges, at terrorisme næppe kan tilskrives en enkelt årsag. Det er et middel med mange former og årsager, og de konkrete angreb og grupper har komplekse baggrunde. Hvis man analyserer større, distinkte terrorbølger, kan man imidlertid godt give politologiske forklaringer på disse, selv om den pågældende forklaring hverken er hele sandheden om en bestemt form for terror eller sandheden om al terrorisme. På den måde er terrorisme ikke anderledes end andre former for politisk vold.

Stråmanden og forskeren

Der er et vedholdende rygte om, at tidsskriftet Foreign Affairs først i 1990'erne skulle have vendt sin faldende oplagskurve. Tidsskriftet havde haft kronede dage under Den Kolde Krig, hvor fremtrædende forskere og politikkere gav deres strategiske opskrifter. Efter 1989 fulgte store forandringer, herunder demokratisering af mange stater.

I denne situation kunne Huntington bidrage med tre ting (rygte eller ej): sit ry i en tid med tiltagende demokratisering (Huntingon 1991), sin evne til at skrive godt og præstere 'punch-lines' og sit helheldssyn på verden – der både var blevet bedre, men samtidig viste sig at have store problemer.

Foreign Affairs-nummeret med 'The Clash of Civilizations' blev da også en kioskbasker i 1993. I artiklen argumenterede Hunrington for, at den nye verdensorden ville blive præget af en række fault-lines mellem civilisationer frem for den totale politisk-økonomisk-ideologiske-militære linje mellem Øst og Vest. Han brugte dels historiske argumenter, dels pegede han på distinkte modsætninger mellem den islamiske verden og Vesten. Terrorisme kom han ikke ind på; hans ærinde var modsætninger efter Den Kolde Krig.

Hans artikel udløste den forventede debatbølge. EN stribe fremtrædende debattører pegede kort tid efter i samme tidsskrift på de begrebsmæssige problemer med Hunting-tons 'civilisationer', empirisk set på problemerne ved at henvise til en samlet islamisk verden henholdsvis spørgsmålet om, hvad Vesten egentlig er, og til de problematiske politiske implikationer i at italesætte en modsætning mellem muslimer og kristne.

I den offentlige debat i Vesten blev Huntington en elske-hade-figur. For nogle blev han imidlertid en stråmand i debatten. Enten stod han som symbolet på højrefløjen mod indvandrere, eller også som en forfatter, der turde sige den sandhed om islam, som venstrefløjen ikke turde høre.

Huntingtons synspunkter er da også mere nuancerede, end de mest stråmandsagtige, som han er blevet tillagt i den offentlige debat. Til gengæld har den faglige debat behandlet synspunkterne mere seriøst – både i forhold til at kritisere dem, og i forhold til at tage afstand fra de mere problematiske sider.

Selv gik Huntington ukueligt ind i debatten, også om 9-11: 'Hvis der ikke var nogen unge mænd, ville der heller ikke være terrorister', eller 'vi (USA) skal hverken fængsle eller dræbe bin Laden; vi skal give ham en kønsskifteoperation og sende ham tilbage til Taleban' – sådan cirka lød nogle af hans indlæg. I en artikel i Newsweek har han uddybet sine synspunkter på mere grundlæggende vis i forhold til 9-11: Den muslimske befolkningstilvækst, arbejdsløsheden, øget religiøs bevidsthed og ekstremisme samt Vestens udbredelse af sine værdier har bidraget til at skærpe det i forvejen antagonistiske forhold mellem islam og Vesten (2002). Ifølge Huntington har dette ført til mere uforsonlige fjendebilleder, og det vel fremover skabe en farlig situation.

Hvad siger empirien?

Et af de få systematiske forsøg, der har været på at teste Huntingtons hypotese, er udført af Leonard Weinberg og William Eubank (2000). De har set på udviklingen i terrorisme i perioden 1968-97 og spurgt, om der er en udvikling i forholdet terrorisme mellem, henholdsvis inden for, civilisationerne.

Deres idé var, at hvis der var en relativ forøgelse i terrorisme mellem civilisationerne, ville dette være en støtte til Huntingtons model. De fandt i deres test, at der var en sådan forøgelse, om end den kunne spores tilbage til omkring 1983, det vil sige før koldkrigsafslutningen som Huntington – og undertegnede – ser som skillelinjen.

Testen, som Weinberg og Eubank har gennemført, er på mange måder grundig. De har brugt et omfattende talmateriale, der dækker perioden 1968 til 1975, taget de fleste anstændige forbehold, taget den israelsk-palæstinensiske konflikt ud af materialet, brugt Huntingtons kategorier, og konkluderet forsigtigt. De konkluderede, at der har været en relativ forøgelse af terror mellem civilisationerne (om end denne begyndte tidligere end Huntington havde forventet), og at forøgelsen primært har haft islamistisk oprindelse.

Ud fra materialet har Weinberg og Eubank en god sag. Man kunne dog fremføre en enkelt anke over deres talbehandling. For at få mønstret frem tager de naturlige logaritmer i brug, og kan på den måde spore en udvikling. Dette kan virke som 'over-kill'. Selvom der er tale om mange terrorangreb og en periode på næsten 30 år, kan udsvingene i fordelingen fra år til år knap berettige til den højere matematik – især ikke når man ud fra de råtal kan se de – ret små – udsving, og når udsvingene på den anden side næppe kan beskrives som en signifikant tendens.

Hvis man imidlertid accepterer, at Weinberg og Eubank har lavet en grundig undersøgelse, og at tendensen er (selvom den ikke anses for signifikant), må det næste spørgsmål være, om den berettiger til at give støtte til Huntingtons hypotese.

Næppe. For hvis vi spørger om grunden til, at der har været en forøget andel af terrorangreb mellem islam og Vesten/andre civilisationer peger meget på, at man skal lande – andetsteds.

I sin klassiske metodebog spurgte Ottar Hellevik (1971), om man kunne konkludere, at der blev færre børn, fordi der blev færre storke, eller om man skulle konkludere, at der blev både færre børn og storke, fordi urbaniseringsgraden blev øget. På samme måde må man spørge, om der i forhold til civilisationstesen er tale om en spuriøs sammenhæng, og om der skulle være en bagvedliggende variabel – eller eventuelt nogle mellemliggende variable?

Bølger af terror

For at svare på dette spørgsmål, er det imidlertid nødvendigt først at kigge på den eksisterende forskning i egentlige terrorbølger: i en politologisk optik er 'bølger', eller i hvert fald tendenser, et væsentligt studieobjekt. Hvis vi skal give generelle forklaringer eller lave generelle teorier, bliver vores objekter forskellige typer af fænomener. De konkrete begivenheder vil herefter kunne forklares i forhold til deres fællestræk, mens særlige omstændigheder ved begivenhederne vil være specifikke og konkrete.

Der foreligger ikke egentlige teorier om terrorbølger, og det kalder naturligvis på nysgerrigheden. Til gengæld findes der grundige behandlinger af en række terrorbølger siden 1880'erne.

David Rapoport (200) har peget på, at der siden da har været fire bølger: Den første var den anarkistiske med udgangspunkt i 1880'ernes Rusland. Den bølge varede kun omkring 25 år. Dernæst fulgte den nationalistiske bølge, afkoloniseringsterrorismen, der til gengæld blev langvarig. Efter den kom en kortvarig bølge med politisk-ideologisk terror i Vesteuropa i 1970'erne, og senest har vi ifølge Rapoport set begyndelsen på en islamisk-religiøs bølge, hvis kim blev lagt med den iranske revolution i 1979.

Hvis man i stedet for omhyggeligt at klarlægge de historiske omstændigheder ved bølgerne, som Rapoport allerede har gjort, men tager udgangspunkt i disse og prøver at finde nogle fællestræk ved bølgerne, får man følgende billede:

Den anarkistiske bølge:
Rusland var præget af vidtgående reformprocesser i forbindelse med modernisering, der skulle sikre, at Rusland ikke sakkede agterud i forhold til de øvrige europæiske stormagter. Selvom den anarkistiske terror havde udgangspunkt i Rusland, sås den imidlertid – lidt senere –

også andre steder. I en række europæiske lande var der angreb. Tiden var også præget af internationale spændinger, statslige stramninger som følge heraf, og af de positioneringer, der var i gang forud for Første Verdenskrigs udbrud.

Afkoloniseringsbølgen:

Med afkoloniseringsbølgen efter Anden Verdenskrig, blev terrorisme anvendt som middel i mange af de områder, der da var på vej til at blive stater. Både mod kolonimagterne for at fremskyde deres tilbagetrækning og internt mellem de grupper, der kæmpede for en stat (men i forskellige former). Bølgen var langvarig, dels fordi processen var langvarig, dels fordi nationalisme ofte er en levedygtig mobiliseringsfaktor. Bølgen kom i stand efter store internationale forandringer: Afslutningen på Anden Verdenskrig og dermed tiden med de europæiske stormagter.

Den politisk-ideologiske bølge:

I 1970'erne opstod der i Vesteuropa terrorgrupper[6], der kæmpede mod deres egne stater på et marxistisk grundlag. Mod den autoritære etatisme og imperialismen. Bølgen som sådan varede kun omkring ti år. Mange har set den som en reaktion på de interne stramninger i en række vesteuropæiske samfund, blandt andet udviklingen af berufsverbot i Vesttyskland. Disse stramninger kom i takt med, at Den Kolde Krig spidsede til (dêtenten omkring SALT-aftalerne først i 1970'erne varede reelt kun et par år).

---

[6] Denne form sås også i Japan og USA.

Den islamiske bølge

Den islamiske revolution i Iran i 1979 med blandt andet gidseltagningen på den amerikanske ambassade i Teheran ses af Rapoport og flere andre som en hændelse, der lagde grunden til den senere islamisk begrundede terrorbølge. Dels fordi revolutionen gav inspiration og selvværd til nogle, dels fordi det iranske præstestyre begyndte at støtte en række terrorgrupper. Det skal dog bemærkes, at denne tradition i et vist omfang går tilbage til shah-tiden. Derfor, og fordi bølgen først realiseredes i 1990'erne, kan man stille spørgsmålstegn ved denne datering selvom man godt kan argumentere for at nogle kim i form af selvværd og inspiration blev lagt.

Det er da også i den første halvdel af 1980'erne, at man ser iransk-støttede islamistiske grupper, der retter store angreb mod amerikanske installationer i Libanon, hvilket for USA på retræte.[7] Det er imidlertid først i 1990'erne, at en større bølge af denne type udvikler sig og for alvor begynder at operere uden for det i 1980'erne borgerkrigshærgede Libanon og Egypten.[8] 1990'erne følger et større opbrud i de internationale forhold, som beskrives nedenfor.

---

[7] Man kunne i stedet regne denne form for angreb med til den statssponsorerede terror og dermed til den anden bølge.

[8] Ægypten var genstand for en islamisk vækkelse i 1970'erne, og i løbet af 1980'erne og 1980'erne fandt en række terroraktioner sted, der blev forøvet af islamiske grupper (Kepel, 1993). I 1997 blev mere end 50 turister dræbt i et angreb i Luxor. En af 9-11 terroristerne var ægypter. Og megen af al-Qaida-aktivitet og lederrekruttering har haft udgangspunkt i ekstreme, islamiske grupper i Ægypten.

Andre bølger

I tillæg til disse fire bølger, som Rapoport har beskrevet, og hvis fællestræk – internationale opbrud eller interne stramninger relateret til internationale udviklinger – blev beskrevet oven for, kan man identificere yderligere bølger (Hansen 2001 og 2002): Nationalistisk terror efter første verdenskrig, statssponsoreret terror i 1980'erne, intern amerikansk terror i 1990'erne, enkeltsagsterror i 1990'erne og international pressionsterror ved årtusindeskiftet.

Der opstod terrorisme i forbindelse med Første Verdenskrig og bodelingen herefter. I forhold til bølgen efter Anden Verdenskrig var denne begrænset, men ikke desto mindre udbrød nationalistisk terror en række steder, blandt andet i det nuværende Nordirland. Baggrunden var atter en stor international forandring, og løsrivelse blev en strategisk mulighed for nogle grupper.

I 1980'erne sås en bølge af statssponsoreret terror. Det vil sige terror, som staterne ikke selv udførte, men hvor de – primært Iran, Libyen, Syrien, Nordkorea og Sudan – støttede grupper i terrorvirksomhed på forskellig vis. Tiden var præget af, at Den Kolde Krig var i sin afsluttende fas, og faren for eskalation til kernevåbenniveau var så udtalt, at stedfortræderkrige var kommet til at spille en mindre rolle. I stedet markerede en række stater sig ved at støtte terror, som de ikke umiddelbart selv ville risikere gengældelse for. Dette blev dog senere resultatet (f.eks. USA's bombning af mål i Tripoli i 1986 efter et libysk-støttet terrorangreb på en Café i Berlin), hvilket bidrog til at begrænse denne form.

Efter koldkrigsafslutningen i 1989 ophørte terrorisme (naturligvis) ikke, men tendenserne fik andre former. Blandt de tre bølger efter koldkrigsafslutningen er den islamisk motiverede langt den største og mest markante. De to andre – intern terror i USA og enkeltsagsterror (f.eks. i forhold til dyrs rettigheder i Storbritannien) skal ikke omtales her, selv om den følgende forklaring også ville kunne omfatte disse.

Den islamiske bølge igen

Når den aktuelle bølge af islamisk motiveret terrorisme diskuteres, er det ofte ubestemt, hvad denne præcist omfatter – og dermed hvornår den egentlig er opstået. Dette gælder både i forhold til den islamiske verden, og i forhold til, hvad der udspringer fra Mellemøsten. I sidstnævnte tilfælde kan den ses som omfattende grupper i Mellemøsten, der kæmper mod egne regeringer, grupper, der kæmper for et nationalt projekt, og grupper, der bekæmper USA's indflydelse.

På samme måde er 'islamisk motivation' (eller 'udgangspunkt i den islamiske civilisation') en bred kategori. Den omfatter i sin brede form både islamiske jihad-grupper, der angreb amerikanske installationer i Libanon i 1980'erne for at undgå amerikansk påvirkning af borgerkrigens udvikling, grupper, der alene ønsker islamisering af konkrete samfund, og grupper, der med islam som legitimerende projekt kæmper for internationale politiske mål.

Med en så bred kategori kunne man på samme måde have udpeget en stor vesteuropæisk terrorbølge i 1970'erne. Her udførte så forskellige grupper som IRA- og RAF-terror. Den islamiske eller mellemøstlige bølge i dag er ligeledes sammensat af meget forskellige grupper med forskellige mål.

Et andet problem vedrører de grupper, der ikke bliver 'talt med' i bølgen som f.eks. kristen terrorisme i USA. Mark Juergensmeyer (2000,2001) har peget på, at der har været en generel stigning i religiøs motiveret terror, ikke kun i islamisk motiveret.

Formålet her er ikke at lave en ny kategorisering, men det er imidlertid vigtigt at være opmærksom på de problemer, der knytter sig til forestillingen om den islamiske terrorbølge. De har også konsekvenser for, hvornår man tidsfastsætter bølgen, og her er der mindst tre forskellige muligheder:

- Den begyndte efter den iranske revolution i 1979[9]

- Den begyndte sidst i 1980'erne[10]

---

[9] Rapoport 2000
[10] Se Weinberg and Eubank 2000

- Formen har givet tidligere udslag, men selve bølgen har udgangspunkt i 1990'erne[11]

I denne sammenhæng ses udviklingen som påbegyndt i 1980'erne, men selve bølgen som opstået i 1990'erne. Den ses også som inkluderende flere slags terrorisme, herunder både mod konkrete regeringer og samfundstyper, samt mod USA. Den har både religiøse og politiske motivationer, og den rummer internationaliserede grupper og miljøer.

Efter med disse overvejelser at have problematiseret alt for bastante forestillinger om den islamistiske terrorbølge, vender vi nu tilbage til spørgsmålet om, hvorfor der har været en stigning i terrorisme med udgangspunkt i Mellemøsten. Ud fra betragtningerne om 'bølger', skal det første spørgsmål, der stilles, være, om bølgen har fællestræk med de øvrige? Et næste, om bølgerne kan henvises til samme generelle forklaring?

To fællestræk

De forskellige terrorbølger viste sig at have nogle fællestræk trods det, at de er meget forskellige og rækker fra russiske anarkisters kamp mod modernisering og oprør i den tredje

---

[11] Se f.eks Huergensmeyer 2001. Juergensmeyer er mindre interesseret i tidsfastsættelse, men det er i 1990'erne, at eksemplerne fra hans arbejde har tyngden. Se også Hansen 2002.

verden til veluddannede vesttyskeres angreb på staten og senest en række islamistisk begrundede terrorhandlinger.

Fællestrækkene findes i betingelser for terroren: enten store internationale forandringer eller interne politiske stramninger i forbindelse med internationale udviklinger.

Det første træk, som den islamisk motiverede bølge har fælles med de øvrige, er, at den falder sammen med store forandringer i det internationale system.

Siden Anden Verdenskrigs afslutning har mellemøstlig politik været præget af den bipolære konflikte. I 1989 sluttede Den Kolde Krig og Mellemøsten var et af de områder, der i særlig grad blev påvirket: De tidligere yemenitiske stater blev opløst og en ny dannet, Irak invaderede Kuwait, en international koalition med arabisk deltagelse tvang Irak ud igen, Nordirak kom under international administration og de irakiske kurdere fik selvstyre (og kom i borgerkrig), den libenesiske borgerkrig kom til ophør, der blev indledt fredsforhandlinger mellem Israel, dets arabiske naboer og palæstinenserne, palæstinenserne fik selvstyre, og Israel og Jordan indgik en fredsaftale (Hansen, 2000). Afledt heraf udbrød senere, eftersommeren 2000, konflikt mellem palæstinensiske grupper og Israel om det palæstinensiske styres fremtid. Som region betragtet blev Mellemøsten således dybt påvirket af koldkrigsafslutningen.

Hertil kommer, at Mellemøsten ikke blot har været udsat for voldsom påvirkning og politisk turbolens, men også har oplevet en relativ økonomisk nedtur. Det vil sige, at det er gået dårligere for Mellemøsten end for andre regioner[12] målt på de fleste traditionelle parametre. Nedturen omfatter fald i udenlandsk bistand og svigtende investeringer til internt ineffektive økonomier og problemer med verdensmarkedet (Henry og Springborg, 2001). Nedturen har endvidere haft politiske og kulturelle følger i form af udbredte følelser af håbløshed og ydmygelse (Telhami 2001).

I den forstand har Mellemøsten i 1990'erne kunnet beskrives som en tabende region, en region i *decline*, i forhold til koldkrigsafslutningen. Mellemøsten har været dårligt rustet til at klare de udfordringer, som koldkrigsafslutningen medførte, og området er blevet udsat for store politiske omvæltninger og beslutninger – herunder også nationalistiske udfordringer.

Hvorfor blev utilfredsheden så omsat i netop islamistisk motiveret terror? Dette svar skal man finde uden for den følgende model, der alene forklarer betingelserne for udbrud af større bølger, og ikke forholder sig til deres karakter. Spørgsmålet er alligevel interessant, og det befinder sig på et niveau mellem spørgsmålet om betingelser for udbrud og spørgsmålet om, hvem der bliver terrorist.

I hvert fald tre faktorer bør inddrages i forhold til den speci-fikt islamistiske motivering, der falder sammen med den

---

[12] En undtagelse er dog områder i Afrika syd for Sahara.

generelle islamiske 'revival' [13] siden 1970'erne (Hussain 1995).

For det første, at islam i så høj grad præger den folkelige praksis i Mellemøsten og dermed, i gramsciansk forstand, er leveringsdygtig og salgbar også på det ideologiske plan. Desuden var træk ved den folkelige kultur under kraftig udfordring fra spredningen af den amerikanske model.

For det andet, at den begrænsede ytrings- og forsamlingsfrihed havde øget moske-miljøernes politiske betydning (Hansen 1994).

For det tredje manglen på alternative legitimeringsmåder: Pan-arabismen led et afgørende knæk i forbindelse med 1967-krigen (Ajami 1992) og Golfkrigen (Hansen 2000), socialismen var udfordret efter koldkrigsafslutningen og en række mislykkede statslige udgaver.

En model

Kombinationen af øget terror med udgangspunkt i Mellemøsten i 1990'erne og beskrivelsen af Mellemøstens politiske og økonomiske situation giver os en anden

---

[13] Husain (1995) bruger udtrykket 'revival' for at understrege, at islams betydning flukturerer, og at der tidligere har været perioder med øget betydning. Den aktuelle revival er præget af, at den er mere omfattende, global, polycentristisk og politisk end de tidligere.

forklaring end civilisationstesen: *Den Mellemøstlige decline fremstår som bagvedliggende variabel* (fremhævning ved red.).

Forklaringen bygger på to neorealistisk inspirerede variable. Den første er relative styrkeforskydninger i det internationale system, hvor stormagtskonstellationen ændres: internationale systemskifter (Waltz 1979, Hansen 2000). Der har været tre sådanne i det tyvende århundrede i forbindelse med Første og Anden Verdenskrig samt koldkrigsafslutningen. Den anden variabel er større fluktationer inden for en pågældende verdensorden[14]. Sådanne vil typisk være prægede af internationale spændinger og typisk føre til indenrigspolitiske stramninger eller reformprojekter (f.eks. med henblik på modernisering og forbedret international position).

Kunne man rejse den indvending, at palæstinensisk terrorisme i 1970'erne forstyrrer verdensordensforklaringen? Næppe, for selv om denne terror havde udgangspunkt i den islamiske civilisation, var den ikke islamisk motiveret. Den havde dels en nationalistisk karakter, dels en politisk-ideologisk – og endelig kunne man placere den som forløber for den statssponsorerede bølge, da de pågældende palæstinensiske grupper typisk var støttede i deres kamp af en række arabiske stater (Irak, Libyen og Syrien). Forklaringen skal dermed føres tilbage til det internationale systemskifte i forbindelse med Anden Verdenskrig (de nationa-

---

[14] For en oversigt over fluktationerne, se Link 1986.

listiske træk) og fluktationerne i den Kolde Krig, her efter arabiske nederlag i 1967-krigen og kernevåbengørelsen af den arabisk-israelske konflikt[15] (de statssponsorerede træk).

Verdensordensmodellen er baseret på neorealismen. I lyset af neorealismens store vægt på polaritet som forklaringselement må man derfor også spørge, om der er særtræk ved unipolariteten i forhold til terrorisme?

Unipolaritet og terrorisme

Med en optik som verdensordensmodellen er det ikke så sært, at terrorangreb i stigende grad er blevet rettet mod amerikanske installationer i 1990'erne, og at den internationale terrorisme efterhånden kunne slå til i selve USA. For det første var USA blevet mere åbent repræsenteret og havde øget sin politiske og militære tilstedeværelse i Mellemøsten efter operation Desert Storm (Cordeman 1997). USA blev derved mere synliggjort og fik øget indflydelse samtidig med, at vanskelighederne for alvor begyndte at melde sig i Mellemøsten og berørte mange befolkningsgrupper.

Dernæst havde Golfkonflikten 1990-1991 udstillet det demokratiske underskud i den arabiske verden. Den arabiske deltagelse i koalitionen mod Irak var ikke noget, de arabiske befolkninger havde indflydelse på – lige som de heller ikke

---

[15] Det forøgede amerikanske atomberedskab i forbindelse med 1973-kigen ændrede Mellemøstens status i Den Kolde Krig og vanskeliggjorde derefter 'stedfortræderkrige' (Hansen 2000).

havde demokratisk indflydelse på andre vigtige udenrigs-
politiske valg.

Saudi-Arabiens ensidige satsen på USA i sin alliancepolitik
havde vakt vrede mod kongefamilien, der fra statens dan-
nelse har legitimeret sig og regeret på islamisk og moralsk
grundlag. Nogle grupper var uenige i alliancepolitikken, og da
Golfkonflikten tvang Saudi-Arabien til at bekende kulør, blev
kongefamiliens version af islam eksponeret og fremstod for
mange som hyklerisk.[16]

Som unipol fremstå USA som centrum i verdenspolitikken.
Unipolaritet er distinkt i forhold til andre polariteter ved, at
der ikke er konkurrerende stormagter med konkurrerende
alliancepolitikker og politiske projekter. En stat eller en
gruppe kan dermed ikke alliere sig med en anden supermagt
eller dennes støtter mod unipolen. Dette gælder både
internationalt og indenrigspolitik.

Under Den Kolde Krig kunne grupper, der var kritiske over for
USA's politik, enten forsøge at ændre deres regerings støtte
hertil eller alliancetilhørsforhold ved at støtte socialistiske
partier i indenrigspolitikken eller ved at påvirke regeringens
alliancepolitik[17]. Under unipolatitet er der kun ét center, og
centeret spiller derfor en komparativt større rolle i politik.

---

[16] Den tætte forbindelse mellem Saudi-Arabien og USA går tilbage
til slutningen af 1950'erne, men den havde hidtil været
lavprofileret og diskret.
[17] I det omfang, den interne politiske frihed gav mulighed herfor.

Med unipolariteten ændrede dynamikkerne i det internationale system sig fra 1989, og disse påvirker også terrorisme fænomen. Det specifikke politiske supermagtsprojekt spiller imidlertid også en rolle. I dette tilfælde påvirker det amerikanske projekt, hvem der vinder henholdsvis taber på de nye tider.

Dette leder frem til to hypoteser om forholdet mellem unipolaritet og terrorisme:

- For det første, at unipolaritet lægger op til terrorisme. Unipolen kan ikke undgå at provokere nogle grupper og stater på grund af sin dominerende position.

- For det andet øges sandsynligheden herfor under unipolaritet, da utilfredse grupper mangler magtfulde allierede til at fremme deres sag i forhold til unipolen – eller til at balancere dennes politik.[18] Terrormidlet bliver derved nærliggende.

USA har et politisk projekt for globalisering af demokrati og markedsøkonomi. Blandt de grupper og stater, der i særlig grad bliver udfordrede af USA's position og politik er grupper, der taber position på spredningen af dette projekt, eller som er dårligt rustede til at møde udfordringerne.

---

[18] I denne artikel er unipolens muligheder for modpolitik ikke behandlet, men det er en hypotese, at de også er komparativt set større end mulighederne under andre polariteter.

'Taberne' findes i en lang række områder, der er svære at udpege på forhånd. Dels fordi tab af position også afhænger af andre faktorer, dels fordi kun få af de utilfredse vil anvende terror.

I første omgang kan man sige, at nogle områder er klart mere i risikogruppen end andre. F.eks. er Mellemøsten et højrisikoområde på grund af sit decline. Dernæst skal man være opmærksom på, at der også vil være risikosegmenter inden for områder, der i øvrigt ikke er udsat for risiko i særlig grad. Der kan være tabersegmenter i venderområder. Selv i USA er der opstået utilfredshed, der er slået over i terror. EN så stor ændring som et internationalt systemskifte påvirker ikke kun folks status, indkomst og position i samfundet men også deres identitet.[19]

Der er et stort spring mellem de individuelle terrorgrupper på den ene side og de generelle betingelser, der er beskrevet her, på den anden. En måde at forbinde verdensordensperspektivet med mere konkrete studier kunne være (når man har udpeget risikoområder og –segmenter) at inddrage resultater fra den sociologiske og psykologiske forskning.

---

[19] Ideen om de nedstigende tabere støttes af, at der har været yderst begrænset terrorisme med udgangspunkt i det østlige Europa efter Den Kolde Krigs afslutning: det østlige Europa var ganske vist på den tabende side i Den Kolde Krig, men den generelle udvikling i 1990'erne var positiv – undtagelsen var i det tidligere Østtyskland, hvor der da også var en række aktioner, der kan betegnes som terrorisme (Pedersen 2002). Denne politiske vold har primært været udført af unge højreorienterede og været vendt mod indvandrere.

Blandt andet har Martha Grenshaw (2000) peget på, at det ikke er nok at se på faktiske faktorer i samfundet eller andre ydre forhold, når spørgsmålet er, hvem der rent faktisk bliver terrorister. Man skal også kigge på gruppedynamikker og den enkeltes opfattelse af sine muligheder eller mangel herpå.

Det skal også nævnes, at verdensordensmodellen i artiklen her har været brugt i en debat om civilisationstesen og til at give en forklaring på den islamisk motiverede terrorbølge. Andre former for terror har andre konkrete dynamikker, men man vil formodentlig også med stort udbytte kunne relatere disse til de storpolitiske udviklinger. Udbrud af nationalistiske terrorbølger er set i forbindelse med internationale systemskifter, og man kunne specificere betingelserne yderligere ud fra samme tankegang ved at opstille følgende tre hypoteser:

- Nationalistisk terror vil være mest kraftfuld og langvarig i den politiske periferi. Når stormagter indgår bodelinger eller præger fredsslutninger, vil de være engagerede i de politiske centre og i højere grad lukke spørgsmålene om grænsedragninger og tilhørsforhold i forhold til disse.

- Nationalistisk terror bliver et mere nærliggende middel end normalt i situationer, hvor de internationale styrkeforhold er i opbrud. I dette tilfælde vil alliancer skifte, meninger være labile, grænser have mulighed for korrektion, og nye aftaler vil skulle indgås. Der er dermed grundlag for og anledning til at øve pres.[20]

- Nationalistisk terror øges, når der er konkrete fredsforhandlinger, der nærmer sig en løsning. I dette tilfælde vil grupper, der er imod den pågældende løsning, have et stort incitament til at forhindre denne.

Tab af position

I den neorealistiske teori om stater i det internationale system er relative styrkeforhold et vigtigt begreb. Risikoen for krige øges, nar der er tale om relative styrkeforskydninger og uafklarede magtforhold. I forhold til civil terrorisme ser det ud til, at relativt tab af position også er et vigtigt begreb. Hvor vægten hos Waltz (1979) ligger på stater, ligger den her på grupper i stater, eventuelt på tværs af stater.

Hvis befolkningsgrupper oplever tab af eller trusler om tab af position, antages det, at risikoen for anvendelse af terror øges (Hansen 2001). Oplever en region eller en stat en relativ svækkelse, må man endvidere antage, at risikoen for, at en

---

[20] Det ser imidlertid ud til, at presset er begyndelsen på en langvarig kamp. Presset giver sjældent umiddelbare resultater, men det kan på længere sigt – evt. i forbindelse med systemforandring – mobilisere, skabe opmærksomhed og påføre fjenden omkostninger.

befolkningsgruppe i regionen eller staten op lever trusler om tab af position i tilsvarende forøget grad.

Begrebet 'nedstigende tabere' kan bruges til at uddybe de betingelser, der følger de overordnede hypoteser.[21] I det aktuelle tilfælde med bølgen af islamisk betinget terror er denne da også opstået i regionen, hvor risikoen for tab af position har været stærkt forøget. Både den regionale decline og de løbende udfordringer fra den amerikanske verdensorden, som Mellemøsten har problemer med, har bidraget til forøgelsen.

Hvis man undersøger 9-11 i dette perspektiv bliver forklaringen dermed, at 9-11 er et resultat af den mellemøstlige decline, der skabte trusler mod en række grupper. De mest udsatte var de grupper, der både var i konflikt med deres egne regeringer og stod til at tabe position på grund af den amerikanske verdensorden (herunder udsigt til demokratisering, markedsorientering og sekularisering). De kunne ikke længere få støtte hos Sovjetunionen, og deres regeringer var i et vist omfang støttet af USA. Vejen frem måtte derfor være at begrænse USA's indflydelse i Mellemøsten, og måske kunne de med terror få USA til at trække sig helt eller delvist tilbage. En inspiration har formentlig været USA reaktion op terrorangrebene i Libanon først i 1980'erne, hvor USA trak sig tilbage.

---

[21] Her er det fremhævet, at der er tale om nedstigende tabere. Se også Pipes (2002). Andre mener, at risikogrupper udgøres af opstigende lag (Gress 2001).

Perspektiver

Verdensordensperspektivet bidrager til at forklare, hvorfor utilfredshed opstår bestemte steder og hvorfor bølger af terror opstår. [22] Det kan også forklare nogle af terrormålene og hvorfor, at den amerikanske unipol er blevet et så udsat mål.[23]

I forhold til Huntingtons-tesen kan perspektivet pege på bagvedliggende variable, der tilmed også kan bruges i forhold til andre terrorbølger.

I tillæg hertil kan verdensordensperspektivet forbinde terrorforskningen med IP-forskningen via den neorealistiske vægt på internationale styrkeforskydninger og systemskifter og ved at fokusere på fænomener og udfald.

---

[22] Den kan imidlertid ikke forklare, hvordan terrorgrupper eller kampanger udvikler sig. De kan blive indoptaget i andre konflikter, f.eks. i en borgerkrig, eller 'almindelige' kriminelle træk kan blive de dominerende.

[23] Om unipolen også har komparativt bedre muligheder for at bekæmpe terrorisme, er en anden diskussion.

Litteratur

Ajami, Fouad (1993) 'Comments. Responses to Samuel P. Huntington's 'The Clash of Civilizations'. Foreign Affairs, September/October.

Ajami, Fouad (1992) *The Arab Predicament*, Cambridge, Cambridge University Press.

Andersen, Lars Erselv og Jan Aagaard (2002) *Den afghanske forbindelse*. København, Mellemfolkeligt Samvirke.

Cordesman, Anthony (1997) *U.S. Forces in the Middle East. Resources and Capabilities*. Boulder, Westview Press.

Crenshaw, Marthe (2000) 'The Psychology of Terrorism: An Agenda for the 21st Century. *Political Psychology*, Vol. 21. No. 2. pp. 405-420.

Downey, Dennis B. (2000) 'Domestic Terrorism. The Eemy Within'. *Current History* Vol. 99: 636, April, pp. 169-73.

Gress, David (2001) 'Religion. Kampen med den rabiate islam'. *Politikken*, 20. oktober.

Hansen, Birthe (2000) *Unipolarity and the Middle East*. Richmond, Curzon Press 2000.

Hansen, Birthe (1993) 'Fundamentalismen i Mellemøsten'. *Udenrigs* nr. 4.

Harmon, Christopher C. (2000) *Terrorism Today*. London, Frank Cass.

Hellevik, Ottar (1991) *Forskningsmetode i sociologi og statsvitenskap,* Oslo, Universitetsforlaget.

Henry, Clement and Robert Springborg (2001) *Globalization and the Politics of Development in the Middle East*. Cambridge, Cambridge University Press.

Hoffman, Bruce (1998) *Inside Terrorism*. New York, Columbia University Press.

Huntington, Samuel P. (2001/2002) 'The Age of Muslim Wars.' *Newsweek*, Special Issue.

Huntingtom, Samuel P. (1997) *The Clash of Civilizations and the Remaking of the World Order*. London, Simon Schuster Ltd.

Huntington Samuel P (1991) *Democratization in the Late Twentieth Century*. Oklahoma, University of Oklahoma.

Hasain, Mir Zohair (1995) *Global Islamic Politics*. New York, HarperCollins Publishers.

Juergensmeyer, Mark (2001) *Terror in the Name of God*, Berkley, Berkeley University Press.

Juergensmeyer, Mark (2000) 'Understanding the New Terrorism.' *Current History*. Vol. 99.636, April. Pp. 158-163.

Kepel, Hilles (1993) *Muslim Extremism in Egypt – the Prophet and Pharao*. California, California University.

Laqueur, Walter (1987) *The Age of Terrorism*. Boston, Little, Brown.

Link, Werner (1986) *The East-West Conflict*. UK, Berg Publishers.

Pipes, Daniel (2002) 'God and Mammon'. *The National Interest*, no. 62.

Norris, Pipa and Ronald Inglehart (2002) 'Islam and the West' http:/ksghome.harward.edu/-

pnorris.sharenstein.ksg/news.thm.5/6/2002.

Pedersen, Peter J. (2002)*Den nye verdensorden og de nye utilfredse i Østereuropa*. Opgave, Institut for Statskundskab, Københavns UNiversitet.

Rapoport, David C. The Forth Wave: September 11 in the History of Terrorism'. *Current History*, December. Pp. 419-424.

Taylor, Max and John Horgan, eds. (2000) *The Future of Terrorism*. London, Frank Cass.

Telhami, Shibley (2001) 'Its Not About Faith. A Battle for the Soul of the Middle East'. *Current History*, December. Pp. 415-418.

Waltz, Kenneth N. (1979) *Theory of International Politics*. New York, Random House.

Weinberg, Leonard and William Eubank (2000) 'Terrorism and the Shape of Things to Come'. I Taylor and Horgan.

Wilkinson, Paul (2001) *Terrorism versus Democracy. The Liberal State Response*. London, Frank Cass.

At definere terrorisme

Terrorisme lader sig som andre centrale fænomener – f.eks. sikkerhed eller globalisering – ikke let definere. En af grundene er, at begrebet er så politiseret. Dette gør det imidlertid ekstra vigtigt at vælge en definition, og helst en, der er så god som mulig. Ellers kan man havne i klichéer som at 'den ene mands terrorist er den anden mands frihedskæmper', eller i at man taler forbi hinanden, fordi man har forskellige, men ikke eksplicitte for-forståelser.

I den forskningsbaserede litteratur afspejles vanskeligheden ved, at der er mange forskellige definitioner i anvendelse. Schmid har f.eks. i et hovedværk om terrorisme-definitioner identificeret over hundrede forskellige (Schmid, 1984). Her skal Schmidts fund ikke gentages, blot skal der gives nogle eksempler fra aktuelle hovedværker om emnet:

"...define terrorism as the deliberate creation and exploitation of fear through violence or the threat of violence in the pursuit of political change" (Hoffman 1998:43).

"Terrorism is the deliberate and systematic murder, maiming, and menacing of the innocent to inspire fear for political ends" (Harmon 2000:1 – Harmon bruger definitionen fra Netanyahu 1986:9).

"...terrorism is meant to terrify", "terrorism has more frequently been associated with violence committed by disenfranchised groups desperately attempting to gain a shred of power or influence" (p. 5). "The old saying "One person's terrorist is another person's freedom-fighter" has some truth to it". "Whether or not one uses "terrorist" to describe violent acts depends on whether one thinks that the acts are warranted" (p.9) (Juergensmeyer 2000:5 og 9).

"In a sense we know terrorism when we see it, but we have to recognize that there will not be universal aggreement as to its attributes…" (Taylor and Horgan 2000:6).

Man kunne tilføje, at FN indtil videre aldrig har haft en generel definition på terrorisme, da medlemslandenes situationer og interesser har været så forskellige, at en enighed ikke har kunnet opnås (Hansen og Pettersson 2001). FN's definition ville imidlertid være politisk – i modsætning til en forskningsdiskurs. FN skal på basis af magt, interesser og idéer tage en fælles beslutning om en forståelse, og beslutningen ville blive taget i lyset af og sammen med beslutninger om andre ting. For eksempel kan land A, der ikke selv har noget i klemme i forhold til terrorisme være forhandlingsvillig og pragmatisk i forhold til land B, der har en klar dagsorden. Land A støtter land B's forslag, og får til gengæld land B's støtte til en styrket kamp mod narkohandel.

Den politiske terrorismediskurs er dermed afhængig af styrkeforhold og ændrer sig over tid. På samme måde er den folkelige diskurs bevægelig – og en lang række forskellige forestillinger vil typisk sameksistere. Der kan være forestillinger, der spænder terrorisme som skældsord, til raffinerede forestillinger, der er åbne for påvirkning. Konteksten, som de folkelige terrorismediskurser udfolder sig i, er meget varieret, hvilket afspejler sig i mangfoldigheden af forestillinger.

Man kunne tilføje andre diskurser: Praktiske diskurser hos lovhåndhævende myndigheder, juridiske diskurser, terrorgruppers egne forestillinger eller specifikke organisationsdiskurser. Her er imidlertid fokuseret på forskningsdiskursen, der naturligt nok vil være basis for forskningstekster og formidlende tekster (f.eks. til undervisningsbrug), der er baseret på forskning.

I forhold til forskningsdiskurser er det vigtigt, at begrebet er helt klart, ikke kan misforstås, og kan anvendes til de udpegede formål. Derfor må en sådan definition opfylde de almene krav til en god definition, selv om en definition grundlæggende er en ad-hoc-begrebsliggørelse af et fænomen, som man har brug for at kunne beskrive og afgrænse i en konkret sammenhæng.

Som i andre sammenhænge vil der også være en kamp om det diskursive hegemoni i forskningsverdenen. Her stilles imidlertid nogle ufravigelige krav i forhold til at skabe muligheder for komparation, intersubjektiv overførbarhed og konsistens. Derfor er diskursen formentlig mere 'konservativ' og vedvarende i sin natur end andre diskurser, der ikke indgår i kontekster med disse krav. Ligeledes er forskningsdiskurser som regel knyttet til specificerede og afgrænsede formål, hvor konteksten på forhånd er klarlagt, hvilket præciserer forskellige diskursers relation til forskellige, specifikke formål.

I det følgende diskuteres kravene til en god forsknings-diskurs, forbehold opridses, og et forslag til terrorisme-definition fremsættes.

Det er imidlertid ikke ambitionen her at opfinde en ny definition, da litteraturen i forvejen er rig på gode forslag, og da det ville være uheldigt med en situation, hvor hver enkelt terrorismeanalytiker havde og anvendte sin egen. Det har imidlertid været hensigten at gennemgå de eksisterende forslag, udvælge de vigtigste elementer – som der efterhånden har udkrystalliseret sig en enighed om og en form for platform til, og gennemgå disse. Dels for at placere dem i diskussionen om en god definition, dels for sammen-fatte dem til en relativt enkel definition, der er i overens-stemmelse med den eksisterende platform. Endeligt har det været hensigten at understrege sondringen mellem faglige, politiske og folkelige diskurser.

Civil versus statsterror

Terror kommer fra latin (*terrere*) og betyder dermed at sprede rædsel. Dette er ordets etymologi, oprindelse. På det helt overordnede og udpegende niveau kan terrorisme derfor i første omgang anses for at udtrykke det at sprede rædsel.

På den måde er terrorisme et overbegreb, der kan rumme alt fra den nazityske statsterror og selvmordsangrebene den 11. september 2001 til den lille dreng, der terroriserer sine kammerater i børnehaven.

Valg af det objekt, man vil definere nærmere er netop et valg, og det omfatter derfor en 'arbitrær' – om end måske meget velbegrundet – beslutning. Her er beslutningen, at det, der skal defineres nærmere, er civil terrorisme.

Hermed udelukkes på forhånd en stor og væsentlig form for terrorisme, nemlig statsterror[24]. Ikke fordi, at statsterror ikke er et vigtigt studieobjekt. Den er oftere mere brutal og længerevarende end civil terror, da statsapparater har flere ressourcer og dermed større mulighed for at udøve terror end civile. Der er imidlertid tre grunde til, at den skal ekskluderes her: For det første ville det blive alt for omfattende at gå videre med studier i *både* civil som statsterrorisme. For det andet har de to typer distinkt forskellige årsager, logikker og praktisk fremfærd. IRA og Stalins Rusland opstod af helt forskellige grunde med forskellige formål, de virkede på hver deres måde, og midlerne var brutale – men forskellige. For det tredje skal den anvendte definition anvendes i følgende studier af netop civil terrorisme, hvorfor definitionen naturligt nok retter sig mod dette fænomen.

---

[24] I princippet kunne de civile være en gruppe inden for et statsapparat, der handlede mod egen stat via angreb på civile grupper.

En af de hyppigste indvendinger fra det folkeligt diskursive niveau i den aktuelle debat efter 9-11 er ofte, at en terrorismedefinition bør omfatte begge dele. Det er et rimeligt krav, hvis pointen er, at begge dele er noget negativt. I analytisk forstand er det, for så vidt at man ikke ønsker at studere f.eks. fænomenet vold eller brutalitet, dog ikke hensigtsmæssigt. Analyser drejer sig jo som oftest om at gå bag brutaliteten og finde årsager, tendenser og dynamikker. Politisk set ønskes den civile og den statslige terror også ofte kædet sammen, ikke mindst i konfliktsituationer med to parter. Den svageste part, der ikke er en stat, vil typisk fremstille sine handlinger et asymmetrisk kampmiddel mod den stærke. Til gengæld ønsker den at få udnævnt den stærkeste parts gengældelsesaktioner som terrorisme, fordi de anses som lige så slemme som dens egne angreb.

Omvendt vil den stærkeste part, typisk en stat, ikke ønske, at deres handlinger mod civile grupper kategoriseres som terror. De fremstiller handlingerne som et forsvar for staten mod uautoriseret vold, der anses for at være terrorisme.

Her er spørgsmålet imidlertid, hvordan man kan forstå og forklare civile gruppers brug af vold, altså på selve handlingen, i bestemte sammenhænge og i et forskningsperspektiv. Dette sætter rammerne for den videre diskussion.

Hvordan definere

I denne sammenhæng er det 'arbitrære' element behovet for at finde en definition på vold, der begås af mennesker til fordel for en sag. Det vil sige civile i forhold til stater eller andre aktører. Det er dermed en bestemt form for terrorisme, der ønskes defineret, da vold udøves i mange sammenhænge, for mange formåls skyld, og af mange forskellige aktører.

Hvad er en definition overhovedet? De gængse krav til en god definition er, at bestemmelsen ikke baseres på ord for fænomenet i sig selv; disse ord bør ikke indgå i selve definitionen. Derudover angiver Fremmedordbogen, at 'definition' kommer af latin (*definire* – at afgrænse), og at det betyder afgrænsning og bestemmelse.

En god definition skal således både rumme en afgrænsning til andre fænomener samt en mere positiv bestemmelse af fænomenets egne karakteristika. Man kunne tilføje det mere pragmatiske krav, at man i det pågældende diskussions-fællesskab hurtigt skal kunne blive klar over, hvad det er for et fænomen, man taler om.

Hertil kommer, at de almene videnskabelige regler bør følges. Derfor bør definitionen også være udtømmende, udelukkende i forhold til andre fænomener, og den bør være frugtbar.

Hvis man går mere detaljeret metodisk til værks, bør der endvidere sondres mellem udpegende, nominelle/teoretiske og operationelle definitionsniveauer (Hellevik, 1977; Lindblad, 1972):

> Det udpegende niveau betegner fænomenet

> Det nominelle niveau angiver kriterierne for, hvad der falder inden for begrebets rammer (det vil sige afgrænser)

> Det operationelle niveau angiver indikatorer på, hvornår de to første niveau synes afspejlet empirisk set

Man kunne spørge, hvorvidt definitionen også burde rumme en normativ dimension. Nogle videnskabssyn betoner en sådan. I den pågældende sammenhæng synes det imidlertid uhensigtsmæssigt: For det første er det hensigten af trække definitionsproblematikken ud af en politiseret sammenhæng og ind i en analytisk, for det andet er der ikke tale om en policy-diskussion, og for det tredje er normative synsvinkler sjældent forbundet med så konkrete fænomener som terrorisme. De handler mere om, hvorvidt man overordnet skal tilføre sin analyse en handlingsvinkel eller undervejs tilstræbe en søgen efter det gode.

Endeligt skal endnu en vigtig bemærkning knyttes til overvejelserne om den gode definition: Terrorisme kan, uanset definitionen, anskues fra mange vinkler. Som fænomenet vold, som asymmetrisk kampførelse, som udtryk for fundamentalistiske livssyn og så videre. Hvis man ønsker at undersøge fænomenet 'vold', er det dette, man skal definere – og så vil terrorisme blive en variation eller en underkategori. Hvis man vil undersøge asymmetrisk kampførelse gælder det samme. I forhold til fundamentalistiske livssyn ville man skulle definere sådanne og undersøge deres udtryksformer. Igen ville terrorisme komme ind som en variation.

Det er absolut relevant at undersøge terrorisme som del af noget andet, det vil sige uden for sig selv. Man kan ofte få stor viden om et fænomen ved at studere noget andet, og sådanne synsvinkler kan lægge megen og værdifuld viden til både de valgte studieobjekter og terrorismen i sig selv.

Problematikken her er imidlertid terrorisme *per se*, og definitionsproblemet omhandler derfor netop dette. Mere præcist er den civile terrorisme – i modsætning til statsterror.

Udpegningen

Ved at tage udgangspunkt i, at terror er at sprede rædsel, bliver en del af indholdet fastlagt, men ikke det hele, og der er endnu ingen afgrænsning. Udpegningen er imidlertid det, der på dette niveau skal gøres mere håndfast. Dette indebærer både præciseringer og afgrænsninger (ikke specifikke afgrænsninger som på det følgende niveau, men afgrænsninger, der bidrager til en klar og generel udpegning).

For det første omhandler denne problematik menneskelig terrorisme. Definitionen skal derfor tilføres nogle aktører: Mennesker. Da sagen drejer sig om ikke-statslig terror, kan 'mennesker' præciseres til 'civile'. Af relevansgrunde ændres 'civile' imidlertid til 'civile grupper'. I princippet kan terrorisme udøves af en enkeltperson (som UNA-bomberen), men enkeltpersoner vil typisk have begrænsede kapaciteter og operationsevne. I mange tilfælde vil de også være svære at skelne fra almindelige kriminelle, da en politisk sag (se neden for) kræver opbakning og samarbejde, som enkeltpersoner vil have svært ved at skaffe på trods af deres personlige engagement i den pågældende sag.

Det kan desuden i højere grad være svært at vurdere, hvorvidt en enkeltperson har haft en sag, eller om vedkommende alene har haft personlige motiver begrundet med en sag. Dette er også svært at afgøre, når det gælder grupper, men her har medlemmerne af den pågældende gruppe i det mindste været nødt til at blive enige om at tilslutte sig gruppens sag. Det har krævet en viljesakt uden for det rent personlige, også selv om akten primært kan have tjent de personlige mål.

Det er heller ikke nok at sige 'civile grupper, der spreder rædsel', for dette omfatter også blandt andet klanopgør og hævn, hvor terror indgår som middel, og rædslen kunne principielt set også spredes ved hjælp af f.eks. rygter.

Derfor må vold med i definitionen, men voldsanvendelsen må senere afgrænses for ikke umiddelbart at kunne forveksles med f.eks. krig. Spørgsmålet er, om 'vold' er dækkende. Store materielle skader kan påføre også menneskelig skade (f.eks. mangel på vand, mad, boliger eller traumer) og føre til indirekte forårsagede dødsfald. Ligeledes kan omfattende materielle skader uden menneskelige tab (hvis terrorgruppen ringer på forhånd og får bygningen rømmet) påføre omgivelserne stor rædsel og føre til 'underkastelse' i forhold til terrorgruppens målsætninger.

Spørgsmålet her er formentlig grundlæggende et spørgsmål på det operationelle niveau: Hvor meget skal der til? Materielle ødelæggelser i stort omfang må anses for at være dækket af den brede formulering om vold mod ikke-kæmpende i definitionen, men som udgangspunkt må det kræves, at der rettes vold mod civile – og ikke kun mod materiel – for at der er tale om terrorisme frem for f.eks. hærværk.

Næste skridt kunne dermed være 'civile grupper, der med vold spreder rædsel'. Heller ikke dette er nok. Der skal en sag med i billedet, men sagen må ikke *kun* være personlig. For at udgrænse det personlige tilføjes 'politisk' til 'sag'. Politisk forstås her i David Eastons forstand som beslutninger med konsekvenser for samfund, hvor samfund forstås som større fællesskaber (Easton, 1998). Om det er samfundets religiøse eller fordelingsmæssige indretning eller noget helt andet, der er kernen i den politiske sag, er imidlertid ikke afgørende på dette udpegende niveau, da definitionen ellers ikke ville blive udtømmende. De forskellige sager – motivationer – kan imidlertid med fordel opdeles i en følgende typologi.

Udgrænsningen af krig, borgerkrig og lignende fænomener sker ved at kvalificere voldanvendelsen og målene til 'vold mod ikke-kæmpende'. Hvorfor nu ikke-kæmpende frem for uskyldige eller civile? Uskyldige er et svært ord at have i en definition, da det nødvendigvis rejser spørgsmålet: Uskyldig i forhold til hvad. En bankrøver, der bliver offer for en terrorhandling, bør også medtælles. Ligeledes åbner ordet 'uskyldig' for en fortolkningsstrid: Ofre i en stat, der er genstand for terrorhandlinger udført af en løsrivelses-bevægelse vil mene, at børn i en skolebus er uskyldige ofre. Bevægelsen vil omvendt mene, at hele staten er skyld i deres undertrykkelse. Uskyldig er derfor for uklar en betegnelse til definitionen.

Civile er en mere præcis betegnelse og vil ofte kunne anvendes i undervisnings- og formidlende sammenhænge. Det sætter fokus på terrormålenes typiske karakter. Den officielle amerikanske definition lægger vægt på det ikke-kæmpende aspekt (U.S. Department of State, 2001). Man kan hævde, at dette skyldes, at USA dermed kan få 1980'ernes angreb på amerikanske installationer i Libanon med ind under terrorforståelsen. Denne indvending har meget på sig, men USA var ikke en besættelsesmagt, og de pågældende soldater var ikke i kamp.

Andre grænsetilfælde omfatter regeringsembedsmænd, re-geringsledere eller kongelige personer. I visse tilfælde ville soldater eller disse ikke nødvendigvis skulle anses for at være ofre for guerillakrig eller oprør. Derfor er det nødvendigt at kunne sondre mellem implicerede i kamp og ikke-kæmpende.

Endeligt kunne man her spørge, om 'tilfældige' ikke kunne bruges, da det at sprede rædsel netop kræver et vist mål af tilfældige og ikke på forhånd udpegede mål. 'Tilfældige' vil imidlertid gøre en definition mindre brugbar, da terrorangreb ikke nødvendigvis fordrer et fuldstændigt tilfældighedsprincip. Det er det hidtil mest almindelige, men civil terrorisme har dels rettet sig mod nøje udvalgte repræsentanter for fjenden (jf. de italienske Røde Brigaders mord på Aldo Moro). Typisk vil den gruppe af ofre, der søges ramt, heller ikke være fuldstændig tilfældig ud fra en kollektiv betragtning – om end individerne vil være det.

Et særtræk ved terrorisme er desuden, at angrebene rummer et overraskelsesmoment, hemmelighedsfuldhed samt et vist mål af uforudsigelighed og systematik. Disse træk er imidlertid svære at få med i selve definitionen; de retter sig mere mod en bredere beskrivelse af fænomenet. For det første er systematikken oftere knyttet til den civile gruppes adfærd end til selve handlingen; handlingen kan f.eks. være et selvmordsangreb. For det andet er uforudsigeligheden i volden kun delvis – den er uforudsigelig i forhold til, hvilke individuelle personer, der bliver ofre, men ikke nødvendigvis uforudsigelig i forhold til den gruppe af mennesker, som ofrene tilhører.

Her er vi fremme ved en foreløbig definition, der udpeger følgende fænomen: 'Civile gruppers spredning af rædsel gennem anvendelse af vold mod ikke-kæmpende for at fremme en politisk sag'.

Endeligt kan man rejse spørgsmålet om handlingens mere præcise karakter i forhold til, om den er villet, rationel, systematisk, overraskende og/eller uforudsigelig. Den skal som mindstemål være 'villet' (det vil sige, at uagtsomme handlinger er netop uagtsomme, ikke terrorisme). Rationel bør udgå, da der i forhold til bestemmelsen af handlingen ikke stilles krav til motiver, mental ligevægt eller forskellige former for rationalitet. Til gengæld er det måske ikke nødvendigt at medtage det villede aspekt i selv definitionen. Hvis en gruppe unge i en bil, der reklamerer for en bestemt sag, ved et uheld påkører civile, ville dette næppe kunne anses for at være en terrorhandling – men en uagtsom handling.

Systematik er på sin vis afgørende, da det hører med til villet politisk aktivitet og kunne adskille en terrorhandling fra et affektmord. På den anden side kan en gruppe udføre en enkelt terrorhandling og derefter blive arresteret eller dræbt. Og hvor er systematikken så henne? Det samme gælder for selvmordsaktioner. Tilbage står det overraskende eller uforudsigelige element. 'Overraskende' kan give forkerte positive associationer, da overraskelser ofte tillægges positive følger.

Uforudsigeligt er mere præcist, da terrorgrupper på grund af deres typiske underlegenhed i forhold til modstanderen ofte har incitament til at angribe, hvor modstanderen ikke venter det for at maksimere usikkerheden og tvinge modstanderen til at bruge ressourcer på at sikre sig bredt. Imidlertid er der også forudsigelige træk ved terrorangreb: De rettes som regel mod modstanderen/repræsentanter for denne (om end det er typisk er uforudsigeligt, hvilke konkrete individer i populationen, de rettes mod), og hvis en gruppe er 'sprunget' ud er det forudsigeligt, at der vil komme angreb – såfremt gruppen har kræfter og råderum til at udføre disse. Her nærmer vi os en virkelig svær beslutning. Det ville præcisere definitionen, hvis den rummede 'tilfældigheds'-elementet, der underbygger spredningen af rædsel og som empirisk støtte, men ordvalget vanskeliggør inklusionen. I denne sammenhæng træffes det valg på baggrund af en cost-benefit-analyse, der siger, at fordelen ved den mulige præcisering også indebære risici for ikke-gensidig-udelukkende konnotationer, og at den kortest mulige definition trods alt er den bedste. Også selv om en sådan ekskluderer enkelte præciseringer. Til gengæld er det vigtigt at disse kommer med på definitionens operationelle (tredje) niveau. Her gælder det imidlertid udpegning og første grads-udgrænsninger.

Man kan indvende, at de ovenstående overvejelser har rettet sig alene mod terrorhandlingen og ikke mod sagen eller de udøvende personers træk. Dette er dog netop pointen, da problematikken her drejer sig om at definere sådanne handlinger – for *senere* at kunne forstå og forklare.

Som konklusion fremsættes hermed følgende definition på ikke-statslig terrorisme på udpegningsniveauet – baseret på almene kriterier for en god definition og med de forbehold for, hvad en sådan kan rumme, som der er nævnt i det ovenstående:

"Civile gruppers rædselsspredende vold mod ikke-kæmpende for en politisk sag".

Det nominelle niveau

Det nominelle niveau fordrer i modsætning til det udpegende niveau en præcisering af det udpegede fænomen, det vil sige en afgrænsning til beslægtede fænomener og en nærmere indholdsbestemmelse. Det vil på dette niveau, hvor værdien af variablen gøres mere klar, i lyset af den allerede foretagne udpegning ikke være nødvendigt med afgrænsninger til fjerntstående fænomener, kun til de nærtstående.

På dette tidspunkt skulle forskellen på terrorisme og almindelige kriminalitet stå klart, mens forholdet mellem terrorisme og krig, borgerkrig, folkemord, masse- og seriemord, guerillaaktivitet, frihedskamp og oprør stadig ikke er så ligetil. I hvert fald ikke i den overordnede diskussion. Disse 'fætre' til terrorisme – forstået som slægtskab i form af voldsanvendelse – har til fælles, at de indebærer vold og kan ramme ikke-kæmpende. Vi ser på dem en for en.

Krig kan ramme ikke-kæmpende i form at utilsigtede tab, krige føres for politiske sager, og de indebærer vold. Forskellen ligger i, at krig som hovedtendens ikke har til formål at sprede rædsel ved at ramme ikke-kæmpende, men tværtimod har til formål at ramme strategiske mål, kæmpende og på forhånd udpegede grupper (her er ikke noget tilfældighedsmoment i udpegningen af ofre). Målene søges ødelagt og fjenden nedkæmpet. En ting er imidlertid, at fænomenet krig definitorisk adskiller sig fra terrorisme. Noget andet er, at krige i praksis kan være mere eller mindre 'beskidte', og terror kan indgå som element i den samlede strategi. Man kan opstille den hypotese, at terror som element i særlig grad indgår i asymmetrisk krigsførelse.

Borgerkrig er åben og væbnet konflikt mellem forskellige grupper inden for den samme stat. Der er også tale om politiske formål (jf. den brede definition af politisk formål vil en etnisk gruppes kamp om magten også anses for et sådant). Terror kan også her indgå som element, men borgerkrige vil imidlertid ofte have flere fællestræk med krige: Der er tale om en klar vi-mod-dem-situation, de fleste er inddraget, ødelæggelser af modpartens faciliteter er et mål, og konflikten foregår åbent.

Folkemord og statslig undertrykkelse er fænomener, hvor terror som middel ofte indgår. Der er imidlertid tale om statslig terror, og fænomenerne er 'mere' end terrorisme. I nogle tilfælde har der været tale om åben, systematisk udryddelse af bestemte, udpegede grupper.

Massemord og seriemord ligger også uden for terrorismedefinitionen, da morderne typisk ikke har 'sager', der ligger uden for dem selv. Forbrydelsen er målet i sig selv; den er ikke et middel.

Den sværeste sondring melder sig, når det drejer sig om *guerillaktivitet, frihedskamp og oprør*. I disse tilfælde er der tale om ikke-statslige aktører, der har en politisk sag, og som dermed umiddelbart kan falde ind under terrorismedefinitionen. Guerillaaktivitet kan afgrænses i forhold til terrorisme ved, at det er en kamp mod en anden part i en konflikt, hvor den anden part er en hær. Guerillakamp retter sig altså ikke mod ikke-kæmpende, og dermed afgrænses formen fra terrorisme. I forhold til frihedskamp er det ikke blot et udbredt synspunkt, at betegnelsen af denne vil afhænge af, hvem man holdt med, men også, at når en part har vundet, vil dens midler af eftertiden blive anset for frihedskamp snarere end terror.

Her er det imidlertid vigtigt at fastholde, er der er forskel på de politisk/folkelige diskurser og forskningsdiskursen. En frihedskamp adskiller sig ved rette sig mod kæmpende frem for ikke-kæmpende (som i guerilla-aktivitet), at have karakter af selvforsvar mod statsterror og –undertrykkelse og/eller mod uretmæssig ekstern besættelse. Ydermere er der tale om situationer, hvor der ikke er mulighed for alternative udtryksformer som en igangværende forhandlingsproces.

Endelig kan man se væbnet oprør som selvforsvar i en situation med svære overgreb og mangel på alternative midler. Det er i denne sammenhæng mindre sandsynligt, at frihedskamp, guerilla-aktivitet eller væbnet oprør vil forekomme i demokratiske stater. I diktaturer eller under krigsrelateret besættelse vil formerne derimod med større sandsynlighed optræde. Ud fra en forskningsdiskurs vil det afgørende være, når man skal betegne en handling, hvorvidt den er rettet mod ikke-kæmpende: Er den det (og de øvrige elementer opfyldt), er den en terrorhandling.

Figur 1 (omstående side) viser fællestræk og forskelle ved de for-skellige former for vold, der minder om terrorisme. Det kan bemærkes, at fokus har været på handlingen, og at terror som middel kan indgå i volds-former, der generelt set kan gives andre betegnelser. Med definitionen og de beslægtede kategorier, når man derfor frem til nogle idealtyper, hvor en handling derefter kan placeres i den mest dækkende.

De nævnte fænomener har vold tilfælles. Derudover adskiller de sig fra terrorisme i forhold til de opstillede kriterier. Man kunne have opstillet andre kriterier til andre formål, men her har formålet været at bidrage til afgrænsningen af det ønskede fænomen – civil terrorisme.

Det nominelle niveau i definitionsprocessen har således været afgrænsende i forhold til det udpegende niveau, der primært beskrev og karakteriserede. Det nominelle niveau har endvidere gennem afgrænsningerne og sammenstillingen bidraget til at præcisere karakteristikken og kriterierne. Der er imidlertid stadig langtfra disse overordnede betragtninger til konkrete empiriske studier og forhold, hvor en række grænsetilfælde vil trænge sig på.

Idealtypisk afgrænsning af voldsfænomener i forhold til terrorisme. Figur 1.

	Terroris me	Krig	Borger krig	Masse- /seriem ord	Guerilla- aktivitet, væbnet oprør, frihedska mp
Vold	Ja	Ja	Ja	Ja	Ja
Udført af civil gruppe (evt. person)	Ja	Nej	Nej/Ja	Ja	Ja (paramilit ære enheder kan dog indgå)
Mod ikke- kæmpende	Ja	Nej	Ja/nej	Ja	Nej
For et politisk formål	Ja	Ja	Ja	Nej	Ja
Overraskelsesm oment og hemmelighedsf uldhed	Ja	Nej	Nej	Ja	Ja
Handlingsaltern ativ	Ja	Mås ke	Ja	Ja	Nej

Det operationelle niveau

Det operationelle niveau er mere anvendelsesorienteret end de øvrige, og det har til formål at udstikke retningslinjer for bestemmelse af konkrete, empiriske udfald. [25] Det operationelle niveau er imidlertid mindre fast og udtømmende i den forstand, at det primært retter sig mod at kunne belyse en konkret problemstilling i en konkret undersøgelse bedst muligt. En terrorkampagne kan f.eks. finde sted i et område, hvor også organiseret kriminalitet er stærkt udbredt, og der kan være en overlappende personkreds eller overlappende mål. Niveauet og dets indikatorer vil derfor også typisk være mere detaljerede i forhold til den pågældende undersøgelse end i en almen sammenhæng som her.

De operationelle behov er således varierende, selv om indikatorerne skal være omfattet af og konsistente med de udpegende og nominelle bestemmelser. Indikatorerne skal imidlertid også repræsentere de overordnede niveauer på praktisk og frugtbar vis, og de skal kunne skære igennem, så det bliver muligt også i praksis at indplacere alle de pågældende hændelser på gensidigt udelukkende og

---

[25] Det operationelle niveau er ikke det samme som et operativt niveau: Operationelt knytter sig analytisk virksomhed, hvor et teoretisk eller definitorisk udgangspunkt skal kunne omsættes til praktisk analyse. Det operative niveau henviser til praksissammenhænge uden for det analytiske felt. F.eks. skal politi og andre myndigheder have en definition på et operativt niveau.

udtømmende vis – eller i det mindste med en så lille residualkategori som muligt.

Hertil kommer, at analyse på det operationelle niveau ofte må indebære en vis pragmatisme, der knytter sig til, at terrorisme som studieområde er særligt vanskeligt i forbindelse med indsamlingen af data. I forhold til de ideelt set ønskede operationelle kriterier kan det derfor blive nødvendigt at nøjes med færre, da information i forhold til alle de ønskede kriterier ikke vil være tilgængelig.

I lyset af det operationelle niveaus meget konkrete og målrettede karakter, vil der ikke her blive opstillet operationelle kriterier. I stedet vil der blive givet eksempler på nogle af de mange bestemmelsesmæssige dilemmaer, som niveauet indebærer.

1.   I analysen af, hvorvidt en handling mod en regering skal betegnes som frihedskamp eller terrorisme, bør det fremgå, om regeringen skal klassificeres som et diktatur eller et demokrati for at erkende eventuelle handlings-alternativer. Dette kan rumme grænsetilfælde, hvor staten i store træk er demokratisk, men hvor nogle grupper er undtaget demokratiet. Eller hvor staten i princippet er demokratisk, men ikke i praksis.

2.   I analysen af, hvorvidt der er tale om ekstern besættelse, må denne indeholde angivelser af de folkeretlige omstændigheder, om der er tale om en sideløbende

forhandlingsproces (dvs. handlingsalternativer), eller om besættelsen er anerkendt af et flertal.

3.   I en bestemmelse af vold som indikator må det afgøres, om et angreb *kunne* have påført menneskelig skade (en terrorhandling kan være mislykket i den forstand, at det finder sted men ikke får den intenderede effekt). Er det terror at kaste maling mod nogens øjne? Eller at angribe et laboratorium om natten, hvor enkelte forskere imidlertid kan tænkes at arbejde? Og hvor stor menneskelig skade skal lægges til grund.

4.   I tilfælde med autoritære styreformer må det præciseres, hvorvidt en gruppes indirekte angreb på regeringen via handlinger mod regeringsbærende eller –støttende ikke-kæmpende parter tælles med.

5.   Skal et planlagt angreb, hvor terroristen uskadeliggøres inden operationens fuldbyrdes, tælles med?

6.   Hvordan forholder man sig til angreb, der er udført af paramilitære grupper eller af samarbejdende parter, - den ene er uniformeret og åbent kæmpende og den anden rent civil og opererer i hemmelighedsfuldhed?

Man kunne tilføje en række andre grænsetilfælde eller komplekse omstændigheder, som der skal tages højde for i forbindelse med udarbejdelse af operationelle indikatorer.

Konklusion

Konklusionen på de ovenstående betragtninger er, at det er centralt at have en analytisk terrorismedefinition, at denne skal udarbejdes efter almene videnskabelige og definitionsmæssige principper, at den samme overordnede definition skal bruges til analyse af forskellige angreb (af hensyn til komparative analyser såvel som til mulighederne for kumulativ og sammenlignelig forskning – dette gælder også, selv om der opstår en uoverensstemmelse mellem de forskningsbaserede, politiske og/eller folkelige diskurser), og at den overordnede, foreslåede definition er som følger:

'Civile gruppers vold mod ikke-kæmpende for en politisk sag'.

Definitionen, som den fremstår her, er relativt *kort* i forhold til de elementer, der bør indgå. Dette skyldes, at en udpegende definition helst skal være relativt kort for hurtigt at kunne angive sin essens i det diskuterende fællesskab. Ikke mindst i en undervisningsmæssig situation, hvor formålet ikke er begrænset til definitionsproblematikken, men hvor fællesskabet også skal forholde sig til terrorismens udvikling, mønstre og former. Afhængigt af det ønskede formåls karakter bør den imidlertid udbygges eller suppleres med følgebemærkninger; især i forhold til konkrete case-studies med grænsetilfælde og detail-laguner.

Som den fremstår, har definitionen også den fordel, at den grundlæggende er overensstemmelse med den platform, der har udkrystalliseret sig i terrorforskningen. Der kan konstateres en udstrakt enighed om grundelementerne i definitionen. Da en række forfattere har haft forskellige formål med og detaljeringsniveau i deres analyser, har der imidlertid været visse udsving omkring de konkrete benævnelse – om systematik eller forudsigelse skal med, om civile eller ikke-kæmpende skal bruges, hvor mange formål (f.eks. politiske, religiøse og/eller ideologiske), der skal medtages *et cetera*.

På denne baggrund er der her foretaget en diskussion af de enkelte elementer, samt redegjort for, hvorfor de konkrete valg er truffet. I forhold til grundelementer ser det dog ud til, at flere af disse vil kunne udskiftes med deres nærmeste 'konkurrenter' i en række sammenhænge uden den helt store betydning. Ligeledes kan det være hensigtsmæssigt at bruge en kortere eller længere definition afhængigt af formålet.

Endelig vil en typologisering udgøre et væsentligt supplement til definitionen. En ting er, at en række handlinger kan betegnes som civil terrorisme. Noget andet er, en dybdegående forklaring på og forståelse af terrorisme vil kræve, at denne underopdeles i forhold til, hvad man specifikt ønsker at forklare og forstå (f.eks. motivation, årsager, udvikling i brug af midler eller hvordan, en bestemt form for terrorisme kan bekæmpes eller forebygges). I visse tilfælde vil det f.eks. være nyttigt at sondre mellem religiøs eller ideologiske terrorisme i forhold til motivationen, mens det i andre kan være hensigtsmæssigt at sondre mellem netværksbaseret eller klassisk hierarkisk terrorisme. Forskellige typologier vil dermed være hensigtsmæssige.

Afslutningsvist skal det nævnes, at identifikation af terrorisme ikke er det samme som eller tilstrækkelig baggrund for identifikation af terrorgrupper eller terrorstøttende grupper.

Henvisninger:

Crenshaw, Martha: 'The Psychology of Terrorism: An Agenda for the 21st Century'. *Political Psychology*, Vol. 21, No. 2, 2000 (pp. 405-420).
Easton, David (1998) 'Om at analysere politiske systemmer' I B. Hansen og C. Jensen: Grundbogen I Statskundskab. København, Akademisk Forlag.
Foreign Affairs www.foreignaffairs.org/home/terrorism.asp.
Hansen, Birthe: *Terrorisme på Tværs*. København: Fryden-lund, 2002.
Hansen, Birthe: *Terrorisme – de utilfredse og den ny verdensorden*. København: Lindhardt & Ringshof, 2001.
Hansen, Birthe, og Kajsa Ji Noe Pettersson: Terrorisme – 'information og kilder'. DUPI *Fokus* nr. 4, 2001.
Harmon, Christopher C.: *Terrorism Today*. London: Frank Cass, 2000 (2001).
Hellevik, Ottar Hellevik (1977) *Forskningsmetode I sociologi og statsvitenskap*. Oslo, Universitetsforlaget.
Hoffman, Bruce: *Inside Terrorism*. New York: Colombia University Press, 1998.

Hubback, Andrew: 'Apocalyse When? The Global Threat of Religious Cults'. *Conflict Studies* 300, June 1997.

Joffé, George: 'International Implications of Domestic Security'. *EuroMesSCo Papers* 9, Lisboa.

Juergensmeyer, Mark: *Terror in the Mind of God*. Berkeley: University of California Press, 2000 (2001).

Juergensmeyer, Mark: 'Understanding the New Terrorism'. *Current History*, April 2000.

Keane, John: *Reflections on Violence*. London: Verso, 1996.

Kellman, Barry: 'Catastrophic Terrrorism – Thinking Fearfully, Acting Legally'. *Michigan Journal of International Law*, Vol. 20:537, Spring 1999 (pp. 537-64).

Lindblad, Ingemar (1972) Om den politiske ventenskapens grundar. Stockholm, Almquist och Wiksell.

Monaghan, Rachel: 'Terrorism and Counter-Terrorism in a Multi-Centric World: Challenges and Opportunities'. I *Taylor and Horgan*, 2000 (pp. 159-169).

Nakano, Osamu: 'A Modern Vew of Violence'. *Journal of Japanese Trade & Industry*. September-October 1998 (pp. 44-47).

Netanyahu, Binyamin (ed.): Terrorism: *How the West Can Win*. New York: Farrar, Straus Giroux, 1986.

Onwudiwe, Ihekwoaba D.: *The Globalization of Terrorism*. Aldershot: Ashgate, 2001.

Scmid, Alex P. (1984) Political Terrorism. A Research Guide to Concepts, Theories, Data Bases and Litterature. Amsterdam: North-Holland Publishing Company.

Stump, Roger: *Boundaries of Faith*. Oxford: Rowman & Littlefield Publishers, 2000.

Taylor, Max and John Horgan (eds.): *The Future of Terrorism*. London: Frank Cass, 2000 (2001).

U.S. Department of State: *Patterns of Global Terrorism 2000. Annual Report*. Washington, D.C., April 2001. http://www.state.gov.

van Crefeld, Martin: *The Transformation of War*. New York: The Free Press/MacMillan, 1991.

Wilkinson, Paul (2001) Terrorism vs. Democarcy: The Liberal State Response. London, Frank Cass.

Terrorismens århundrede?[26]

Kun et enkelt år inde i det 21. århundrede oplevede verden det største civile' terrorangreb[27] nogensinde. Omkring 3.000 mennesker blev dræbt, da fly tordnede ind i World Trade Center og Pentagon den 11. september 2001 (9-11).

I årene efter 9-11 fulgte en række andre store terrorangreb, der som 9-11 alle blev tilskrevet al-Qaeda-terrornetværket eller i det mindste en forbindelse hertil. Dermed kom terrorisme for alvor på den internationale dagsorden, og der opstod en debat om terrorismetruslen. Debatten havde mange aspekter, men to af de spørgsmål, der ofte dukkede op, var spørgsmålene om terrortruslens størrelse og karakter. Disse spørgsmål er også temaet for kapitlet her: hvor stor er terrortruslen, og hvilken type trussel er der tale om?

Kapitlet bygger på Rapoports forskning i terrorismebølger (Rapoport 2001; 1999), Hansens unipolaritets-terrorisme-model (2001; 2002) og aktuelle – om end ufuldstændige – beskrivelser af al-Qaeda-netværket. Analysen er opbygget i fire afsnit: 1) terrorisme som trussel, 2) terrorisme-bølger og den specifikke al-Qaeda-trussel, 3) dynamikker i verdens-

---

[26] Fra Bertel Heurlin og Steen Rynning (red.): Det 21. Århundredes trusler. København, DIIS, 2006.

[27] Her defineres terrorisme som 'Civile gruppers rædselsspredende vold mod ikke-kæmpende for en politisk sag' (Hansen 2001) og 'politisk' forstås bredt à la David Easton: som beslutninger med konsekvenser for et fællesskab.

ordenen og terrorismetruslen, og 4) håndteringen af terror-
truslen – en perspektivering, hvori der peges på nogle mulige
indsatsområder.

Terrorisme som trussel

En del af debatten om terrorisme og terrorismebekæmpelse
har handlet om, hvorvidt terrorisme overhovedet er et stort
problem, endsige en sikkerhedstrussel. Mange argumenter
har været anført. Det har været påpeget, at antallet af dræb-
te som følge af trafikulykker er langt større end antallet som
følge af terrorisme, eller at terrortruslen har været et påfund
fra den amerikanske regerings side med henblik på at føre
krig i Mellemøsten og aflede opmærksomheden fra andre
problemer som AIDS og fattigdom.

Det er indiskutabelt, at mange problemer hidtil har medført
langt flere dræbte end terrorisme, og at terrorisme ikke er
hovedskurken i forhold til f.eks. udviklingsproblemer.
Alligevel er der en række grunde til at tage terrortruslen
alvorligt:

For det *første* har den internationale terrorisme været i
vækst siden begyndelsen af 1990'erne. Angrebene er blevet
hyppigere, og de har i stigende grad haft karakter af
massemord. At ignorere en egentlig terrorbølge i vækst ville
have været overordentligt farligt. Det ville have givet
terroristerne spillerum til at foretage endnu flere og endnu
større angreb, end man hidtil havde set. Udsigten til, at

terrorgrupper har forsøgt at erhverve sig masseødelæggelsesvåben, forstærker dette argument[28].

For det *andet* kan man ikke reducere terrortruslen til antallet af dræbte eller omkostningerne ved de materielle skader. Terrorismes logik er netop at påvirke i større omfang, end terroristerne faktisk har fysisk kapacitet til. De kan ikke matche stater og føre egentlig krig. Derfor søger de at optimere effekten af deres begrænsede kapacitet ved at ramme tilfældige civile på overraskende tidspunkter og med stor mediedækning. Derved spreder de angst i dagligdagen, og med et udtryk fra økonomi, kunne man kalde dette for terrorismens 'multiplikator-effekt'.

For det *tredje* er styrkeforholdene mellem borgere og stater blevet ændret i borgernes favør – i hvert fald i demokratiske og semi-demokratiske stater. Globaliseringen har gjort borgerne mindre afhængige af staterne i og med, at de lettere kan bevæge sig fysisk og krydse grænser, de har adgang til mere information, og også teknologiske midler og færdigheder er blevet spredt. Dermed øges borgernes handlemuligheder på godt og ondt, og bagsiden er således, at terrorgrupper har fået forøgede virkemuligheder. Omvendt er demokratiske og semi-demokratiske stater sårbare, og det er da også disse, der som oftest er mål. En undersøgelse af samtlige selvmordsterrorangreb i perioden 1968-2001 har vist, at disse udelukkende havde demokratier og semi-demokratier som mål (Pape 2003). Dels er disse

---

[28] Fx Ricin i London eller Tokyo, al-Qaedas forsøg.

påvirkelige for den folkelige opinion, dels har de en åben presse, og endelig lægger sådanne stater begrænsninger på sig selv i bekæmpelsen af terrorisme.

For det *fjerde* er terrorisme en udfordring af selve staten, i hvert fald af demokratiske og semi-demokratiske stater. Sådanne stater baserer i høj grad deres legitimitet på evnen til at beskytte deres borgere. Terrorisme er som oftest rettet mod civile borgere, hvilket dermed skaber en statslig legitimitetsudfordring.

For det *femte* anretter terrorisme en række konkrete skader i form af dræbte og sårede, materielle ødelæggelser, angst og samfundsmæssig forstyrrelse. Trods det, at andre problemer er større, er disse forhold uønskværdige i demokratiske samfund, og i tilfælde af terrorisme er de tilmed uden positive sider. I mange samfund accepteres et vist mål af trafikulykker, da trafik i sig selv grundlæggende betragtes som et gode og en nødvendighed. Terrorisme mangler denne positive dimension, da demokratier og semi-demokratier jo bygger på, at borgere ikke skal kunne få indfriet deres politiske krav og ønsker ved hjælp af vold.

For det *sjette* er der træk ved den al-Qaeda-relaterede terrorbølge, der gør truslen herfra til et specifikt problem. Den al-Qaeda-relaterede terrorisme har i høj grad været baseret på decideret massemord i modsætning til den typiske, hidtil kendte terrorisme. Den er derfor en mere voldsom udfordring. Dertil kommer, at den i højere grad end tidligere terrorisme lukrerer på globaliseringens fordele og muligheder, hvorfor den er sværere at håndtere. Endelig har den en totalitær og fundamentalistisk ideologisk overbygning, der har vist sig at have en bred appel til 'tabere' i mange lande. Den har dermed skabt sig en form for 'bevægelse' som grundlag, hvoraf nogle forfalder til terroristisk virke, mens andre bakker det ikke-demokratiske og ofte racistiske idégrundlag op – også i dets voldelige form. Det tværnationale og brede rekrutteringsgrundlag øger principielt set truslen.

Disse seks argumenter taler for, at terrortruslen tages alvorligt, og at den i et internationalt perspektiv betragtes som værende mere omfattende end tidligere terrortrusler. Derudover skal terrortruslen naturligvis ses i forhold til andre sikkerhedstrusler. I forhold til de naturskabte – som jordskælv, *tsunamier* og orkaner – kan man varsle og skadesbegrænse, men man kan ikke forhindre deres udbrud. I forhold til Den Kolde Krigs trussel om et globalt ragnarok, må terrortruslen siges at være begrænset og anderledes. Den har trods alt mindre ødelæggelsespotentiale, men til gengæld er den mere sandsynlig og, paradoksalt nok, også uforudsigelig: parterne er mindre kendte, og handler ikke med klare signalværdier, men ved overraskelsesangreb.

Hvordan man vurderer terrortruslen i forhold til andre internationale problemer, er et politisk spørgsmål. I forhold til tidligere terrortrusler, må den al-Qaeda-relaterede imidlertid vurderes som værende stor – i lyset af dens tendens til massemord og brede rekrutteringsgrundlag. I forhold til den internationale situation, må terrortruslen i begyndelsen af det 21. århundrede ligeledes vurderes som omfattende – ud fra dens relative placering på sikkerhedsdagsordenen.

Terrorbølger

Som grundlag for en vurdering af en trussels karakter kan det være hensigtsmæssigt at sætte truslen ind i et historisk perspektiv. I terrorismeforskningen er det hidtil bedst tilgængelige perspektiv tilvejebragt af David Rapoport (2001; 1999). Rapoport har studeret klynger af terrorangreb – det vil sige angreb af en vis mængde, der er indbyrdes forbundne i tid og rum (i modsætning til sporadiske eller enkeltstående angreb). Bølgerne kan dog efterfølges af overlappende eller post-bølge kampagner.

Studierne førte til, at Rapoport identificerede fire egentlige terrorbølger indtil videre: Den anarkistiske bølge fra ca. 1880 til udbruddet af Første Verdenskrig; den nationalistiske bølge fra især afslutningen på Anden Verdenskrig frem til 1960'erne; den ideologisk-revolutionære bølge i 1970'erne (palæstinensiske flykapringer og *Rote Armee*-type angreb i Vesteuropa); og den religiøst motiverede bølge fra den iranske revolution og frem.

Rapoports studie viser, at det 21. århundrede principielt set ikke er 'terrorismens århundrede', hvis man forstår dette som fremkomsten af en terrorbølge. Terrorisme som middel har fulgt menneskehedens historie, men egentlige terrorbølger er heller ikke nye.

Til gengæld er den seneste bølge – tidligere omtalt som den al-Qaeda-relaterede bølge – anderledes ved at basere sig på massemord, bedre muligheder og et større støtteunderlag. Hertil kommer, at den i lyset af fraværet af risikoen for klassiske stormagtsopgør er kommet på den internationale trusselsdagsorden i et hidtil uset omfang.

I denne tekst opfattes det som hensigtsmæssigt at opdele Rapoports fjerde bølge – den religiøst begrundede – som delt i to faser. Efter islamiseringen af den iranske revolution i 1979 udsprang en shia-baseret fundamentalistisk terrorisme i Mellemøsten, der også rettede sig mod amerikanske mål. Voldsomme angreb på amerikanske og franske mål i Libanon i begyndelsen af 1980'erne fik den daværende amerikanske præsident, Ronald Reagan, til at erklære, at problemerne ved at intervenere i den libanesiske borgerkrig var blevet for store, og USA trak sig hjem.

1980'ernes shia-baserede terrorisme havde i hvert fald tre fællestræk med den aktuelle al-Qaeda-relaterede terrorisme: de religiøst-fundamentalistiske begrundelser, angreb mod amerikanske mål (om end ikke kun), og accepten af større angreb og tabstal.

Når der alligevel i denne sammenhæng kan være grund til at opdele Rapoports fjerde bølge i to faser, hænger det sammen med, at al-Qaeda-fasen kan karakteriseres ved de tidligere nævnte distinkte forskelle til hidtidig terrorisme, og at den relaterer sig til fremkomsten af den amerikanske verdensorden.

Al-Qaeda's oprindelse relaterer sig i mindre grad til den iranske revolution (om end der er forbindelser) end til den saudiarabiske politik i 1990-91. Saudiske oppositionelle var da stærkt kritiske over for deres regerings alliancepolitik, som de anså for at være alt for ensidig og bundet op på amerikanske garantier. Da Irak havde invaderet Kuwait, frygtede den saudiske regering, at Saudi-Arabien ville blive Iraks næste mål med udgangspunkt i Kuwait som forsyningsbase og brohoved. Derfor lod regeringen amerikanske tropper opstille et præventivt forsvarsværk i Saudi-Arabien, hvilket udgjorde en provokation for en række saudiske grupper – ikke mindst fordi den saudiske sikkerhedsforbindelse til USA, der havde sikret landet siden slutningen af 1950'erne, indadtil havde været uhyre diskret. Fahd-regimet havde støttet sig på det militært stærke USA udadtil, mens men indadtil havde brugt det såkaldt 'vantro' USA som et fjendebillede.

Dette bragte samling mellem utilfredse (sunni-) saudiarabere, der forenede sig i det oprindelige al-Qaeda-netværk. De organiserede sig på et tidspunkt, hvor der var to store forskelle til den hidtidige shia-baserede terrorisme: at USA var blevet enesupermagt, og at globaliseringen havde skabt nye virkebetingelser.I løbet af 1990'erne blev der udført en række terrorangreb, som al-Qaeda formodedes at stå bag.[29] Al-Qaeda byggede baser og træningslejre op i Afghanistan under Taleban-styret, og terrornetværket var i vækst. Væksten blev imidlertid bremset efter 9-11.

Al-Qaedas træningslejre, organisation og udstyr i Afghanistan blev ødelagt i efteråret 2001 i forbindelse med operation *Enduring Freedom*, og siden er tilbageværende ledere og miljøer siden blevet jaget og stresset.[30] Med FN's resolution 1373 blev det endvidere kriminaliseret at give husly til terrorister, og derfor har resterne haft svært ved at finde en ny svag stat, hvor de kunne slå sig ned – om end en del formentlig drog til Irak efter Saddam Hussein-styrets fald. Det vil sige, at den oprindelige organisation blev svækket og fik meget svære arbejdsbetingelser. Forskeren Rohan Gunaratna har anslået, at der inden Krigen Mod Terrorisme var ca. 4000 kerne-al-Qaedaer. Han har også anslået, at tallet i 2003 var nede på under 1.000 (Gunaratna 2004).

Alligevel så man en række angreb efter ødelæggelsen af al-Qaedas fysiske base. Disse angreb kan betegnes som al-Qaeda-relaterede. Det gælder f.eks. angrebene i Indonesien (herunder Bali), Marokko, Tyrkiet og Spanien.

---

[29] Al-Qaeda er bl.a. blevet forbundet med følgende angreb i 1990'erne: Bombe mod amerikansk mål i Yemen 1992, bombe i World Trade Center 1993, angreb på amerikanske soldater i Somalia 1993, bombe mod militærcenter i Saudi-Arabien 1995, bombe mod amerikansk kaserne i Saudi-Arabien 1996, samt bomber mod de amerikanske ambassader i Kenya og Tanzania 1998 (se Alexander and Swetnam 1998).
[30] Om grundlaget se George Bush: Sept. 20th Address to a Joint Session of Congress og Oct. 7th address to country.

Som hidtil skal man være meget forsigtig, når man søger at placere ansvaret for denne type terrorangreb. Der mangler stadig tilbundsgående viden, retssager og domsfældelser. Med dette forbehold *in mente* kan der dog peges på en ny tendens efter 9-11: den 'relaterede'. Der er blevet udført en række angreb, der ikke er planlagt af al-Qaedas top eller af den gamle organisation, men som alligevel har nogle forbindelser.

En væsentlig indikation har været, at de praktiske tiltag og operative metoder er lånt fra det 'klassiske' al-Qaeda. Det drejer sig om massemord som planlagt effekt, anvendelse af elementer som selvmordsangreb og/eller synkrone angreb, nogle gange flere sæt angreb efter hinanden, og ofte angreb rettet mod symbolske mål.

En anden indikation syntes at have været, at al-Qaedas ideologiske overbygning er blevet lagt til grund for efterfølgende angreb. Her drejer det sig om et udtrykt had mod især USA, men også USA-allierede og Vesten som sådan, jøder, moderate såvel som traditionelle konservative muslimske samfund, samt øvrige 'vantro'.

Endnu en indikation er, at angrebene ofte udføres i samarbejde mellem lokale miljøer og terrorister med en forbindelse til al-Qaeda, typisk i form af personer/organisatorer med tidligere ophold i træningslejrene eller andre personkontakter.

På denne måde har al-Qaeda-komplekset udviklet sig til at have en mere løs og decentreret struktur, hvor de enkelte miljøer har distinkte lokale træk. Det betyder også, at nogle af kendetegnene er i udvikling, da de løbende præges af de konkrete, lokale grupper.

I forhold til tidligere bølger er det et specifikt træk ved den al-Qaeda-relaterede bølge, at der især har været en øget risiko for amerikanske og pro-amerikanske mål. Dette understreger truslens karakter som del af en magtkamp.

Trods al-Qaedas religiøse grundlag har målene ikke været baseret direkte herpå. Der er blevet angrebet mål i overvejende kristne stater (f.eks. USA og Spanien), moderate/verdslige muslimske stater (f.eks. Tyrkiet og Indonesien) såvel som rigide/religiøse muslimske stater (f.eks. Saudi-Arabien), samt i afrikanske lande (f.eks. Kenya og Tanzania).

Når det gælder de konkrete mål i de pågældende stater, har disse som oftest repræsenteret angreb på USA og forbindelser hertil – og har som oftest været folkerige mål.

Tilstedeværelse af marginaliserede utilfredse grupper har også udgjort et væsentligt element i forhold til truslens karakter. Det drejer sig om en øget risiko ved utilfredse grupper 'uden for' samfundet; typisk islamistiske indvandrergrupper/-miljøer.

Efter al-Qaedas transformation som følge af krigen i Afghanistan, har der været et uset antal 'organisatorer' i omløb.

Hermed refereres til de mange, der i Taleban-tiden var igennem al-Qaedas træningslejre, og derefter blev 'arbejdsløse'. De repræsenterer terrorist-kompetencer samtidig med, at de ikke er integrerede i deres egne samfund. Ved kontakt med marginaliserede lokale grupper kan de bidrage med den organisering, der bringer grupperne over voldsgrænsen.

I løbet af de første år efter 9-11 og den forøgede anti-terror-indsats, kunne al-Qaeda dermed siges at være blevet fortyndet og spredt. Dette svækkede vedligeholdelsen af terror-miljøerne, men det gjorde dem også mere komplicerede at imødegå.

Den al-Qaeda-relaterede terrorbølge (eller fase i den fjerde bølge) er således noget anderledes end de øvrige hidtidige bølger. Klassiske terrorgrupper udførte typisk angreb vendt imod staterne, og skulle derfor bekæmpes primært med statslige midler. Den aktuelle bølge retter sig både mod mere end staterne, og den er langt mere globaliseret i sin natur – samtidigt med, at der er komparativt flere organisatorer i omløb.

Dynamikker i verdensordenen og terrortruslen

'Det er alt sammen USA's skyld'. Et sådant udsagn kan man ofte høre, ikke mindst i den arabiske verden. I mere konkrete former optræder anklagen i mange arabiske medier, hvor debat af indenrigspolitiske forhold ikke tolereres, men hvor debat af internationale forhold accepteres – og derfor overeksponeres (Khalaf 2003).

Denne vrede er imidlertid ikke entydig i og med, at USA også anses for at være et ideal og et mål for drømme om fremtiden. F.eks. viste en UNDP-undersøgelse i 2002, at ca. halvdelen af arabiske adspurgte unge som største ønske havde en udrejse til USA (UNDP 2002xx).

Alligevel er der grund til at se på dynamikker i den aktuelle verdensorden for at forstå terrortruslen i det 21. århundrede. I den sammenhæng forekommer det frugtbart at gå et skridt bag om spørgsmålet om USA's politik og spørge til forholdet mellem selve verdensordenen og terrorisme.

Her forstås verdensorden som kombinationen af antallet af supermagter og dens/deres politiske projekter. Antallet af supermagter anses for at være den mest grundlæggende forklaringsfaktor (Waltz 1979), og siden 1989 har verdensordenen kunnet beskrives som unipolær, da der kun har været en enkelt supermagt.

Kenneth Waltz viste med sin neorealistiske teori, hvordan dynamikkerne i verdensordenen hænger sammen med den givne polaritet. Waltz koncentrerede sig imidlertid om de helt tunge spørgsmål som krig, fred, alliancedannelse og magtbalancering. I en neorealistisk optik anses terrorisme for at være et procesfænomen på det såkaldte enhedsniveau. Det vil sige, at terrorisme ikke påvirker den internationale struktur (eller i hvert fald kun i beskedent omfang), men i stedet indgår i de myriader af små beslutninger og hændelser, der skaber det samlede grundlag for verdenspolitikken. Ligeledes skal terrorisme forstås primært ud fra indenrigspolitiske forhold.

Med den al-Qaeda-relaterede terrorbølge kan man imidlertid sige, at terrorisme 'slog over i en ny kvalitet'. For det første fik den en international dimension, der til dels løsnede den fra indenrigspolitiske forhold, og for det det andet bidrog den – med 9-11 – til direkte at påvirke beslutninger om krigsførelse. Trods det, at den stadig må formodes ikke at indeholde strukturoverskridende effekter, synes det alligevel relevant at fokusere på de relationer, der kan opstilles mellem terrorismen og verdensordenen.

Unipolaritet er distinkt forskellig fra andre polariteter ved, at der ikke er konkurrerende stor- eller supermagter. Derfor kan aktører ikke balancere en supermagt ved at alliere sig med en alternativ supermagt. Ligeledes vil det være svært for aktørerne at finde magtfulde interne alliancepartnere som under f.eks. bipolariteten. Under den bipolære kolde krig kunne aktører i Vesten, der var kritiske over for USA, enten søge indflydelse via påvirkning af deres regeringers alliancepolitik eller ved at alliere sig mod Sovjetvenlige indenrigspolitiske partier. Disse kunne søge at udfordre regeringens valg af supermagtsalliance.

Unipolaritet tilvejebringer derfor færre alternative supermagts-relaterede muligheder for aktørerne end andre polariteter. Dertil kommer, at der kun er et center i verdenspolitikken, og dette center kommer dermed til at spille en komparativt set stor rolle. Det vil tiltrække sig såvel positiv som negativ opmærksomhed.

Disse betragtninger leder dermed til to hypoteser om forholdet mellem unipolaritet og terrorisme:

> Unipolaritet fremmer terrorisme, fordi utilfredse aktører mangler magtfulde alternative allierede til at fremme deres sag

> Unipolaritet fremmer terrorisme, fordi det magtfulde center ikke kan undgå at provokere aktører og grupper med sin dominerende position og politik

For at pege på, hvilke aktører og grupper, der sandsynligvis vil blive utilfredse, er det nødvendigt også at kigge på unipolens politiske projekt. USA's projekt efter 1989 kan i grove træk beskrives som en globalisering af liberalt demokrati og markedsøkonomi.

Blandt de grupper af mennesker, der er mest udsatte og bliver utilfredse i forbindelse med unipolariteten og spredningen af det amerikanske projekt, er grupper af mennesker, som mister position (forstået i bred forstand), og grupper, der er dårligt rustede til at håndtere verdensordenens udfordringer.

'Taberne' udspringer fra mange områder, og det er ikke helt let at identificere disse. For det første afhænger det af, hvilke områder, der rammes, også af en række andre faktorer. For det andet vil kun et fåtal af taberne reagere ved at gribe til terrorisme. Man kan imidlertid pege på 'tabende position' som en risikofaktor i sig selv, og man kan også pege på regioner, der er i risikozonen i forhold til at frembringe terrorisme.

Efter 1989 blev Mellemøsten som region betragtet genstand for en omfattende nedtur. Hvis man måler udviklingen på traditionelle kapabiliteter, blev regionen svækket på mange måder, og i forhold til klassiske økonomiske målestokke, blev den svækket på alle (Henry and Springborg 2001). Dermed blev Mellemøsten et risiko-område. Hertil kom, at mange grupper i regionen var dårligt udrustede i forhold til at klare nedturen såvel som forandringerne. Dette gælder især i religiøse og traditionelle økonomiske miljøer.

Selv om nogle områder er i større risiko end andre, vil der også flere være risiko-segmenter i de øvrige områder. Selv i USA vil der opstå tabermiljøer. Store forandringer (transformation af det internationale system) som afslutningen på Den Kolde Krig kan påvirke ikke kun individernes status, position og indkomst, men også deres personlige identitet (Hansen 2001). Dette gælder også *opfattelsen* af deres fremtidige muligheder (Crenshaw 2000), som ikke nødvendigvis falder sammen med deres reelle muligheder. Tabermiljøer har et særligt incitament til at opponere mod de igangværende og forventede forandringer, og deres muligheder er meget forskellige. I Mellemøsten har der i tillæg til forandringerne været et fravær af alternative ventiler; jf. det manglende demokrati, samtidig med, at accepterede alternative allierede forsvandt med det sovjetiske sammenbrud.

Disse overvejelser om 'nedstigende tabere' følger de overordnede hypoteser om unipolaritet, og det vil være på sin plads at knytte nogle forbehold til hypoteserne.

Det er for det første klart, at overvejelser om unipolaritet og terrorisme primært må bygge på teoretiske antagelser og logik, da der mangler fortilfælde med unipolaritet. Meget forsigtigt kan man dog trække en parallel til Romerriget.

Også Romerriget oplevede en slags tidlig terrorbølge. En jødisk politisk sekt, zeloterne, ydede kompromisløs modstand, herunder med terrormidlet, mod den romerske kontrol af store landområder. I år 73 valgte mange af sektens medlemmer at dø på bjerget Masada (beliggende i det nuværende Israel) frem for at overgive sig til romerne.

Det er dog vigtigt ikke at trække parallellen for langt eller at bruge den som egentligt empirisk underlag for teserne. Det er der mindst tre vægtige grunde til: Romerriget var ikke en stat, det befandt sig ikke i et statssystem, og det internationale system var ikke globalt. Derfor har eksemplet i højere grad karakter af inspiration.

Man skal for det andet også passe på med ikke at forholde sig for firkantet til udpegningen af risiko-områder. Den vigtigste grund er, at sådanne områder ikke nødvendigvis er statiske (dette gælder især, hvis utilfredsheden/tabet ikke specifikt territorielt baseret). Hvis Mellemøsten kommer på fode igen, vil man formentlig opleve, at der har fundet en allokering af ressourcer, initiativer og opmærksomhed sted, hvilket risikerer at efterlade et andet område i en tabende situation; f.eks. Afrika syd for Sahara. Der vil man formentlig se en forskydning af terrortruslen En anden vigtig grund er, at en række øvrige forhold og faktorer, der spiller med, ikke er behandlet i dette kapitel.

Pointen har i stedet være at pege på træk ved verdensordenen, der fremmer terrorisme, og områder, der er i risiko-zonen, for derved at komme et skridt længere i forståelsen end 'der vil altid være terrorisme', eller 'al-Qaeda er noget enestående'. Argumentet er i stedet, at der er træk ved unipolariteten, der fremmer terrorisme, og at denne især opstår i områder med nedstigende tabere – set i relation til USA's projekt.

Håndtering af terrortruslen – en perspektivering

Den ovenstående analyse af terrortruslen i det 21. århundrede har primært en komparativ karakter, og der ligger ikke på forhånd nogen vurdering af, hvor *megen* terrorisme, den amerikanske verdensorden vil blive genstand for. Tidligere har det vist sig, at terrorbølger er stoppet efter en periode

(Rapoport 2001). Den al-Qaeda-relaterede bølge adskiller sig som nævnt fra de tidligere bølger på en række områder, men man kan dog med støtte i Rapoport pege på, at det er vigtigt med en indsats på flere områder: For det første på det idémæssige plan, for det andet ved at skabe en ny situation, og for det tredje ved at fjerne bølgens ledere.

Idémæssigt konkurrerer idéen om 'demokrati i Mellemøsten' for tiden med 'det er USA's skyld'; en ny situation er måske ved at blive skabt med forandringerne i Irak; og mange af al-Qaeda-fasens ledere er blevet sat ud af spillet. I denne sammenhæng resterer imidlertid en stor udfordring, som er specifik for den al-Qaeda-relaterede bølge: de mange organisatorer/potentielle terrorister, der er i omløb.

Om man senere vil se tilbage på det 21. århundrede som terrorismens århundrede, vil derfor formentlig afhænge af USA's evne og vilje til at støtte idéprocessen, udviklingen i især Irak, men også det øvrige Mellemøsten, samt det internationale samfunds engagement i forhold til organisatorer og taberområder.

Hvis man derudover inddrager den 'løbende' terrorisme, er nationalisme den helt store skurk. Dette gælder ikke mindst som følge af store forandringer i det internationale system, hvor bodelinger er blevet gennemført og grænser ændret, så der blev skabt taberområder. I forhold til den nationalistiske terrorisme vil det være hensigtsmæssigt, hvis det inter-nationale samfund fremover lægger større vægt på menne-skerettigheder og civile rettigheder frem for princippet om folkenes selvbestemmelsesret. Hermed ville både opfattelsen af tab og udsigten til at opnå nationale mål blive mindsket. De første år efter 9-11 har hidtil tenderet mod at gøre nationalistisk baseret terrorisme 'mindre populær', jf. udviklinger i og tiltag hos f.eks. IRA og ETA.

En forsigtig vurdering af terrortruslen som sådan i det 21. århundrede er imidlertid i sammenfatning, at den nationalistisk-baserede terrorisme vil blive formindsket, at al-Qaeda-truslen er afhængig af modindsatsen, og at terrorismefænomenet primært vil udvikle sig i takt med den eventuelle forekomst af endnu en transformation af det internationale system.

Henvisninger

Alexander, Yonah, and Michael S. Swetnam: *Usama bin Laden's al-Qaida: Profile of a Terrorist Network*. Ardley, NY: Transnational Publishers 2001.
Crenshaw, Martha: 'The Psychology of Terrorism: An Agenda for the 21st Century'. *Political Psychology*, Vol. 21, No. 2, 2000, pp. 405-420.
Gunaratna, Rohan: 'Al-Qaeda adapts to disruption'. *Jane's Intelligence Review*, February 01, 2004.
Gunaratna, Rohan: *Inside al-Qaida – Global Network of Terror*. New York: Colombia University Press, 2002.
Hansen, Birthe: 'Terrorisme i et verdensordensperpektiv. *Politologiske Studier*, Vol. 5:3, September 2002, pp. 15-27.
Hansen, Birthe: *Terrorisme – de utilfredse og den nye verdensorden*. Copenhagen: Lindhardt &Ringhof 2001.

Henry, Clement N., and Robert Springborg: *Globalization and the Politics of Development in the Middle East*. Cambridge: Cambridge University Press 2001.

Khalaf, Roula: 'Media Perspectives on Public Opinion and the New Security Challenges: September 11 and the Arab Press'. *IISS Global Strategic Review*, 2003.

Pape: Robert A.: 'The Strategic Logic of Suicide Terrorism'. *American Political Science Review*, Vol. 97:3, August 2003, pp. 343-361.

Rapoport, David C.: 'The Fourth Wave: September 11 in the History of Terrorism'. *Current History*, December 2001, pp. 419-424.

Rapoport, David, C.: 'Terrorism'. In Lester R. Kurtz, and Jennifer E. Turpin (eds.): *Encyclopedia of Violence, Peace and Conflict*. London: Academic Press, 1999, pp. 497-510.

Schweitzer, Yoram, and Shaul Shay: *The Globalization of Terror. The Challenge of Al-Qaida and the Response of the International Community*. London: Transaction Publishers, 2003.

Stump, Roger: *Boundaries of Faith*. Oxford: Rowman & Littlefield Publishers, 2000.

Waltz, Kenneth N.: *Theory of International Politics*. New York: Random House 1979.

'Transnational terrorism after the Iraq war'. *IISS Strategic Comments*, Vol. 9:4, June 2003.

Terrorbegreb og -opfattelse efter 9/11 [31]

Der er nu gået næsten ti år siden terrorangrebene i New York og Washington, D.C., den 11. september 2001. Det har været en produktiv periode i terrorforskningen såvel som i den globale debat om fænomenet.

Hvis man skal sammenfatte, hvad der er sket med terrorbegrebet siden 9-11, kan man pege på i hvert fald fire forhold:

For det *første* er terrorisme kommet langt højere op på dagsordenen og er blevet genstand for en konkretisering.

For det *andet* er der ikke sket så meget med den akademiske definition. Der er snarere tale om, at essensen er blevet konsolideret.

For det *tredje* har der i de vestlige samfund været en række folkelige og politiske debatter om, hvad der skal til for at berettige en kategorisering som terrorisme, terrororganisation eller terrorstøtte.

For det *fjerde* har der været en række juridiske prøvesager, der har bidraget til at etablere en praksis efter de nye lovgivninger.

Lige som den internationale terror-trend, som 9-11 afspejlede, hele tiden har været under udvikling, har

---

[31] Fra *Noter. Historielærerforeningen for Gymnasiet og HF*, nr. 184, marts 2010.

forskningen og den offentlige debat også været det. Derfor er de følgende betragtninger ikke endegyldige konklusioner, men en foreløbig status efter post-9-11-erfaringer – med vægt på terrorisme-begrebet og –opfattelsen.

Det er imidlertid vigtigt at sondre mellem den akademiske og den offentlige diskurs, da disse har udviklet sig meget forskelligt.

Terrorismebegrebet

I den samfundsvidenskabelige debat er begrebsudvikling næsten en disciplin i sig selv – det er jo forskernes metier at udvikle og raffinere begreber. Da begreber udspringer af teoretiske skoler og dermed er funderede i specifikke, teoretiske universer, opstår der selvsagt debatter mellem skolernes begrebsliggørelser. Markante eksempler er begreber som 'sikkerhed' og 'globalisering'.

'Terrorisme' er ingen undtagelse. Alex Schmid identificerede f.eks. allerede i firserne over hundrede forskellige formuleringer[32], og der har senere været argumenteret for, at 'terrorisme' er et elastisk begreb. Selv om der forekommer forskellige definitioner i litteraturen både før og efter 9-11, er forskellene imidlertid begrænsede i forhold til essensen af

---

[32] Scmid, Alex P. Political Terrorism. A Research Guide to Concepts, Theories, Data Bases and Literature. Amsterdam: North-Holland Publishing Company, 1984.

de ofte brugte definitioner – der er som regel tale om forskellige formuleringer snarere end om forskelligt indhold. En stor fordel ved at have nogenlunde faste og ensartede begrebsliggørelser af fænomener er, at man kan lave komparative analyser og kumulere forskning. Man kan sammenligne analyser af terrorbevægelser på forskellige kontinenter og ligeledes lægge viden om terrorisme oven på hinanden, hvis der er anvendt samme terrorisme-begreb. Endelig er det en dyd i definitionsbranchen, at man ved hjælp af definitionen/begrebet relativt let kan udpege og afgrænse et fænomen – og så gå i gang med sin undersøgelse.

I definitionen af terrorisme indgår typisk de følgende elementer: 'vold', 'mod civile' (evt. 'mod ikke-kombattanter'), begået af 'civile grupper' for et 'politisk formål' og kan sammenfattes i en definition som "civile gruppers vold mod ikke-kæmpende for en politisk sag".[33] I den akademiske litteratur er disse elementer som oftest med og gør komparation og viderebyggelse på resultater mulig.

Disse elementer har været centrale i begrebsliggørelsen både før og efter 9-11. Problemerne opstår som oftest i operationaliseringen i forhold til konkrete analyser – og i forhold til, hvilke forbindelser, man rent faktisk kan dokumentere.

En præcisering, der formentlig kunne forhindre forvirring i nogle debatter, kunne være at kalde denne form for 'civil

---

[33] Se Birthe Hansen, 'At definere terrorisme', i denne bog.

terrorisme'. Terrorisme er taktik, det vil sige en voldsform (lige som f.eks. guerilla-krig, folkemord eller statsterror), der kan anvendes af forskellige aktører i forskellige sammenhænge. Nogle gange ser man en sammenblanding af civil terrorisme og statsterror, eller diskussioner i den offentlige debat af, hvad der er værst. I den akademiske litteratur har der i høj grad været tale om to forskellige forskningstraditioner, da årsager og dynamikker er vidt forskellige, og derfor har betegnelserne terrorisme og statsterror almindeligvis været anvendt.

Der er således i den akademiske debat stadig en udbredt enighed om essensen i terrorbegrebet. Til gengæld har der været mindre enighed om terrorisme-*typer* og bestemmelse ud fra motivation: hvor ny er den al-Qaeda-relaterede terrorisme egentlig, og hvor religiøs henh. politisk henh. anti-imperalistisk er den i sin motivation?

Terrorisme-opfattelsen

I den offentlige debat og den politiske diskurs ser det ud til, at uenighederne om forståelsen af 'terrorisme' er større og flere end i den akademiske diskurs. Tre spørgsmål, der langt hen ad vejen hænger sammen, har især præget den offentlige og politiske debat efter 9-11: hvornår er der tale om terrorisme, hvor meget skal der til, før noget er terrorisme eller terrorstøtte, og hvilke tiltag er rimelige i terrorbekæmpelsen?

Umiddelbart skulle man skulle tro, at det første spørgsmål var enkelt at afklare, da man enten kunne holde de pågældende tvivlssager op mod den konventionelle akademiske definition eller mod gældende retspraksis. Det har imidlertid vist sig, at en afklaring er betydeligt sværere. 'Om der er tale om terrorisme'-debatten er ofte overlejret af et retfærdighedsperspektiv og en inddragelse af mål såvel som midler.

9-11 satte terrorisme på dagsordenen som noget grusomt, og i den offentlige debat kan man se eksempler på, at hændelser, der ud fra den akademiske diskurs klart ville falde inden for terrorisme-definition, afvises som terrorisme, fordi udøvernes mål opfattes som retfærdigt eller på anden måde legitimt. Logikken synes dermed at være, at hvis sagen bag opfattes som sympatisk, bør den pågældende hændelse ikke italesættes som terrorisme. Endnu mere speget bliver det, hvis rubriceringen får konsekvenser for den pågældende organisation bag hændelsen, dvs. at organisationen bliver en 'terrororganisation'.

Flere større organisationer, som f.eks. det palæstinensiske Hamas, der anvender terrorisme i deres kamp, har derudover sociale og politiske aktiviteter. Der er tale om et betydeligt personsammenfald inden for den uformelle struktur på tværs af aktiviteterne [34], men aktiviteternes

---

[34] Lewitt, Matthew: Hamas. Politics, Charity, and Terrorism in the Service of Jihad. New Haven and London: Yale University Press, 2006.

forskellighed har frembragt debat om rimeligheden af at sætte Hamas på EU's liste over terrororganisationer.

I forlængelse heraf har der også i Danmark været en række sager om, hvor meget, der skal til, før noget anses for at være terrorisme eller terrorstøtte, og hvornår der er tale om strafbare forhold. Den såkaldte t-shirt-sag førte i 2007 til frifindelser i byretten, men i september 2008 blev seks ud af syv tiltale dømt i Østre Landsret.[35] De dømte havde tilvejebragt penge (kr. 24.982) ved salg af t-shirts gennem firmaet Fighters and Lovers til støtte for terrororganisationerne FARC og PFLP. En syvende tiltalt blev frifundet også i landsretten, fordi der ikke var fundet belæg for 'kvalificeret medvirken'. Den tiltalte havde haft ophængt plancher med de pågældende t-shirts i sin pølsevogn. De tiltalte havde hævdet, at deres aktivitet rettede sig mod humanitære formål.

Sagen viste, at implementering af den terrorlovning, der fulgte 9-11, er en læreproces, hvor mange ting skal afklares undervejs: hvor meget skal der til, hvad betyder det påberåbte formål med en aktivitet, hvilke organisationer kan opfattes som terrororganisationer, og hvorledes skal støtten formidles, for at der er tale om et kriminelt forhold. Opbygningen af en retspraksis tager tid og prøvesager, og der skal være et forhold mellem både opfyldelsen af lovens intentioner og befolkningens retsfølelse. I dette tilfælde har der været et skisma mellem ønsket om at kriminalisere

---

[35]

http://www.domstol.dk/oestrelandsret/nyheder/Pressemeddelel ser/Pages/Pressemeddelelse(T-shirt-sag).aspx.

terrorstøtte – for dermed at lukke huller og svække opbakning – og en del af befolkningens ønske om en bagatelgrænse.

I det hele taget er det nok spørgsmålet om, hvor langt myndighederne bør gå i deres modforanstaltninger, der har været genstand for de største uenigheder i de vestlige samfund: hvor meget besvær vil man acceptere i lufthavnene, hvor meget overvågning er rimelig, og er der kontrol nok med efterretningstjenesterne? Disse spørgsmål er fortsat til konkret debat.

Fælles for den offentlige debat, at terrorisme fylder langt mere end før 9-11 og har en mere fremtrædende placering på dagsordenen. Dertil kommer, at spørgsmålet tages langt mere seriøst. Terrorisme er blevet et fænomen i sig selv frem for et skældsord brugt i tabloid-overskrifter *à la* 'knallertterrorisme i nabolaget'.

Tidligere var den civile terrorisme især på dagsordenen i akademiske og militære miljøer. I den akademiske verden var det ikke mindst den venstreorienterede terrorisme med udgangspunkt i Vesttyskland i 1970'erne og IRA's terrorisme i den nordirske konflikt, der gav anledning til forskning. Derudover er der kommet mange bidrag, også om terrorismebekæmpelse, fra israelske forskere og analytikere. Efter 9-11 er terrorisme imidlertid også i høj grad blevet et alment diskuteret emne, og mediedækningen har været massiv. Terrorisme rummer både billedstof og mulighed for opfølgende historier (f.eks. om terroristernes baggrund).

Debatten fremover

Når man ser ud over selve terrorisme-begrebets relativt stabile karakter, kan man i korte træk sammenfatte udviklingstendenserne i terrorforskningen efter 9-11 således, at den er blevet langt mere international i sin karakter, langt mere konkret og specialiseret, samt orienteret mod, hvordan den internationale terrorisme har udviklet sig.

På grund af den forøgede politiske interesse, de samfundsmæssige udfordringer og øgede bevillinger er forskningsområdet blevet større. Derudover er datamaterialet blevet forøget og erfaringer med en række tiltag er blevet tilvejebragt. Det har givet mere plads både til specialisering, fokus på nye terrorisme, samt afprøvning af tidligere 'dogmer'.

Blandt de nyere analyser kan nævnes Martin Harrows undersøgelser af Irak-krigens effekter på terrorisme i Vesten, udviklingen i videofilmet hovedafhugning, og inertien i terrorbølger.

Et område, som også er i vækst, er udforskningen af tilfælde, hvor terrorisme og guerillakrig forekommer samtidigt, og hvor terrorismen udøves som del af et mere folkeligt funderet konfliktengagement. Magtopgøret i Irak efter Saddam Hussein-styrets fald, kampene i Afghanistan, og udviklingen i Hamas og Hizbollah har givet anledning hertil. USA's 'krig mod terrorisme' efter 9-11 vakte en vis modstand også i Vesten. Da præsident Obama tog over i januar 2009, sagde hans udenrigsminister, Hillary Clinton i marts, at man ikke ville bruge betegnelsen. Dette skal man dog ikke lægge for meget i, for dels er USA's politik på området fortsat stort set uændret – med en styrkelse af indsatsen i Afghanistan, og dels taler Hillary Clinton fortsat om krigen mod terrorisme[36].

Den al-Qaeda-relaterede terrorbølge er stadig i gang, og den amerikanske indsats må forventes at fortsætte. Danmark har ydet et væsentligt bidrag i forhold til den internationale terrorbekæmpelse gennem deltagelse i indsatserne Irak og Afghanistan. Der er fortsat opbakning til det danske engagement i Afghanistan trods det, at det har været meget omkostningsfuldt, og der har været en bred politisk enighed om at bakke de udsendte styrker op. I lyset af de danske tab kan man dog forestille sig, at en kommende debat bliver, i hvilket omfang Danmark stadig skal bidrage med styrker på jorden.

Litteratur:

Birthe Hansen, 'At definere terrorisme', i denne bog.

Lewitt, Matthew: *Hamas. Politics, Charity, and Terrorism in the Service of Jihad.* New Haven and London: Yale University Press, 2006.

---

[36] Se fx interview med Hilary Clinton på Charlie Rose Show, 9. november 2009, hvor Clinton omtaler de amerikanske styrker I Afghanistan som værende i frontlinjen i Krigen mod Terrorisme. http://www.charlierose.com/

Scmid, Alex P. *Political Terrorism. A Research Guide to Concepts, Theories, Data Bases and Literature.* Amsterdam: North-Holland Publishing Company, 1984.

http://www.charlierose.com/

http://www.domstol.dk/oestrelandsret/nyheder/Pressemeddelel ser/Pages/Pressemeddelelse(T-shirt-sag).aspx.

De danske partier og Islamisk Stat[37]

Terrorbevægelsen Islamisk Stat kom for alvor på danske politikeres dagsorden i løbet af foråret 2014, og folketinget besluttede i oktober at deltage i bekæmpelsen med kampfly.

Formålet med dette kapitel er at karakterisere danske politikeres opfattelse og beskrivelse af udfordringen fra og indsatsen imod Islamisk Stat: Hvad fik de danske partier til at støtte et engagement i kampen mod bevægelsen? Der gives en oversigt over opfattelserne af Islamisk Stat som fænomen (herunder også benævnelsen heraf), truslen og dennes karakter samt synet på indsatsen imod bevægelsen.

Oversigten er lavet på basis af interviews med partiernes udenrigsordførere[38] i begyndelsen af 2015, ca. et år efter, at Islamisk Stat for alvor kom på dagsordenen i Danmark, folketingsdebatter og medier.

---

[37] Fra *Et farvel til terror? Krigen mod ISIS 2014-2015*. Redigeret af Carsten Jensen og David Vestenskov. København, Forsvarsakademiets Forlag.

[38] Tak til de deltagende ordførere, der velvilligt lod sig interviewe. Interviews foretaget med Holger K. Nielsen, Socialistisk Folkeparti (13/1-2015); Mette Bock, Liberal Alliance (14/1-2015); Lars Barfoed, Det Konservative Folkeparti (15/1-2015); John Dyrby Paulsen, Socialdemokratiet (16/-2015); Søren Espersen, Dansk Folkeparti (20/1-2015); og Zenia Stampe, Radikale (6/3-2015). Søren Pind, Venstre, og Nikolaj Villumsen, Enhedslisten, har ikke ønsket at henh. ikke kunnet medvirke.

Debattens fremkomst: pludseligt

Ifølge samtlige interviewede ordførere var det først i foråret og sommeren 2014, at deres partier var begyndt at diskutere Islamisk Stat (IS) som et presserende problem. Dette skete som en følge af bevægelsens territorielle erobringer i det nordlige Irak. Man havde nok hørt om IS, blandt andet i forbindelse med diskussionen af eventuel våbenhjælp til oprørerne i Syrien, men man havde ikke "taget al den snak om kalifatet alvorligt" før især erobringen af den irakiske by Mosul. Også billeder af henrettelser på Youtube bidrog til den begyndende bekymring. I den efterfølgende debat byggede man især på briefinger fra udenrigsministeriet og forsvaret som kilder til viden om Islamisk Stat, men også den generelle mediedækning blev nævnt.

Politikernes optagethed af Islamisk Stat viste sig kort efter at være i samklang med befolkningens opfattelse. En undersøgelse udført af Analyse Danmark (med 1256 respondenter) for ugebrevet A4, viste, at 93 % af de adspurgte opfattede truslen fra Islamisk Stat som alvorlig, og at 37 % anså Islamisk Stats fremfærd som den aktuelt set værste konflikt.[39] Undersøgelsen, der blev offentliggjort i september 2014, viste således, at der var stor bekymring over Islamisk Stat i den danske befolkning.

---

[39]   http://frwmww.ugebreveta4.dk/ni-ud-af-ti-danskere-er-bekymrede-for-islamisk-stat_19846.aspx

IS som fænomen: uset brutalitet

Der har været bred enighed blandt partierne om at karakterisere IS som en terrorbevægelse, og at IS har lighedspunkter med al-Qaeda, der var den dominerende terrorbevægelse i årtiet efter angrebene den 11. september. Ligeledes var der bred enighed om at se IS som en sammensat størrelse, der har et vist overlap til al-Qaeda eller andre terrorgrupper.

Der var også udbredt enighed om, at der var store forskelle på IS og al-Qaeda. Holger K. Nielsen (SF) fremhævede, at IS i høj grad udfører terror for terrorens egen skyld, hovedsageligt retter den mod andre muslimer, og at IS har gennemført egentlig religiøs udrensning. Lars Barfoed (Konservativt Folkeparti) pegede på, at IS har været mere effektiv end al-Qaeda i den forstand, at IS har opnået territorielle gevinster og anvender særligt brutale metoder. I løbet af 2014 har IS desuden formået at fungere administrativt og selvfinancierende i større områder. Også John Dyrby Paulsen (Socialdemokratiet) fremhævede, at IS i forhold til al-Qaeda går mere målrettet efter statsbygning og anvender mere rå metoder. "IS's finansiering er betydelige for en terrororganisation", men de samme finansielle kilder i forhold til at drive en stat er "beskedne". Zenia Stampe (De Radikale) betegnede IS som 'noget helt nyt' med sin kalifat-ambition og "næsten værre end terror". Mette Bock (Liberal Alliance) pointerede, at udfordringen fra IS afspejler en bred kamp, der drejer sig om både "menneskesyn, kultur og politiske systemer". Søren Espersen (Dansk Folkeparti) tilføjede, at IS synes at nære et grænseløst had til shiamuslimer.

Opfattelsen af den usete brutalitet og afvisningen af andre måder at tænke på peger på en senere udfordring. Mette Bock pegede på, at der kan opstå et problem, hvis man senere skal forholde sig "resterne af IS", f.eks. som det har været tilfældet med al-Qaeda i Afghanistan, hvor der nu afholdes legitime valg.

Søren Espersen så IS og al-Qaeda som "samme bevægelse, hvor begge parter opererer ens og støtter hinanden – trods rivalisering", og at de har 'delt' verden geografisk. De adskiller sig ved, at al-Qaeda ikke har haft territoriale krav, men flere internationale kontakter, mens IS gennem nålestiksoperationer har skabt uro og haft større held med at markedsføre kalifatet.

De fleste udenrigsordførere lagde desuden vægt på, at Islamisk Stat næppe kan nedkæmpes endeligt, men vil være en udfordring i lang tid, måske i en opsplittet form, og som f.eks. Lars Barfoed udtrykte bekymring for, at hvis det lykkes at presse IS i Irak, vil dele af bevægelsen måske søge nye græsgange og søge at ekspandere i Saudi Arabien, Yemen eller Libyen.

Omtalen af IS: de unævnelige

I debatten om IS og modindsatsen har der i usædvanlig grad været en debat om, hvordan man skal benævne 'udfordreren'. [40] Den danske udenrigsminister, Martin Lidegaard, var i efteråret 2014 inde på, at det var betænkeligt at omtale bevægelsen som *Islamisk Stat*, da den hverken repræsenterede islam eller en stat. [41] Martin Lidegaard benævnte herefter IS principielt som "terrorbevægelse" eller "ISIL".

Blandt udenrigsordførerne var der også en betænkelighed herved, men samtidig en opfattelse af, at det er svært at undgå, selv om det er uønskværdigt. Lars Barfoed tilstræbte at rette ind efter udenrigsministeren, men pegede på, at 'Islamisk Stat' indgår, om end indirekte, i alle omskrivningerne som IS, ISIL og ISIS. Også Søren Espersen ønskede at tilslutte sig udenrigsministeren på dette punkt, men sagde, at det i praksis var svært at komme udenom benævnelserne IS og ISIL.

Holger K. Nielsen sagde, at han havde benævnt bevægelsen som mange ting, f.eks. barbarer eller terrorbevægelse.

Mette Bock foretrak betegnelsen 'ISIL', men fremhævede, at det kan være en fordel for både Islamisk Stat og dens modparter, at den har taget et så bredt dækkende og

---

[40] Se også Hansen, 2007.

[41] http://politiken.dk/indland/politik/ECE2392107/lidegaard-stoetter-obama-is-har-intet-med-islam-at-goere/.

ubestemt navn. For bevægelsen selv kan navnet skabe samling på tværs af andre uenigheder og er en kommunikationsmæssig genistreg, der ikke binder rekrutteringen til et afgrænset geografisk område. Det er også en "markør for identifikation, hvor sproget, som Grundtvig sagde, skaber hvad det nævner". For modparten kan det ifølge Mette Bock også være en fordel. "Hvad, hvis vi ikke havde haft begrebet?" Det skaber også nogle mentale billeder på den anden side, der gør det lettere at forholde sig til en bevægelse, der ellers består af mange grupper og forskellige slags terrorister.

John Dyrby Paulsen nævnte, at man ofte på møder i f.eks. NATO-komitéer, bruger den arabiske betegnelse Daesh,[42] men denne er ikke så udbredt i Danmark. I stedet bruger Dyrby Paulsen og mange socialdemokrater betegnelsen 'såkaldt Islamisk Stat'.

---

[42] 'Daesh' er oprindeligt et akronym for Islamisk Stat i Irak og Levanten, men har fået et nedladende skær, da det har været brugt af bevægelsens fjender, der ikke ville give det monopol på 'islam', og da det på arabisk minder om negative udtryk. Om den franske og amerikanske brug heraf samt om betydning, se http://www.france24.com/en/20140917-france-switches-arabic-daesh-acronym-islamic-state/, og http://www.kristeligt-dagblad.dk/udland/2014-09-23/islamisk-stat-fort%C3%B8rnet-over-nyt-navn-til-terrorbev%C3%A6gelsen http://www.theguardian.com/world/2014/dec/19/us-general-rebrands-isis

Zenia Stampe havde en 'pragmatisk' tilgang og mente, at 'i sidste ende betyder terminologien ikke så meget, slaget står et andet sted'. Generelt afspejlede politikernes svar ulyst ved at bruge betegnelsen 'Islamisk Stat', men også vanskeligheden ved at finde en anden betegnelse, der er almen genkendelig. Samlet afspejlede overvejelserne, at bevidstheden om 'den rette diskurs' for alvor har vundet indpas også på dette område.

Truslen fra IS: en globaliseret trusselsforståelse

Islamisk Stat udgør en alvorlig trussel. Dette var udenrigsordførerne enige om. Holger K. Nielsen pegede på, at Islamisk Stat for det første udgør en trussel regionalt set, hvor bevægelsen kan true de mange skrøbelige balancer som en anden "gøgeunge" og derved udfordre de eksisterende grænser. For det andet truer Islamisk Stat civilbefolkningerne med sin brutale adfærd. For det tredje udgør den en international trussel, da man risikerer, at den eksporterer terrorisme.

Mette Bock mente også, at Islamisk Stat er en trussel på flere niveauer: mod civile i regionen, mod stabiliteten i regionen (især i Irak), og globalt, hvor der er mange frustrerede, der får en vision, de kan målrette deres vrede ud fra.

Også Lars Barfoed pegede på, at truslen var både regional og international – "jo mere fodfæste, bevægelsen får, desto mere bliver den et arnested for terror også mod Danmark".

John Dyrby Paulsen nævnte fire udfordringer: regional ustabilitet, opbyggelse af større organiseret terrorisme, hvis kalifatet ekspanderer, hjemvendte krigere, der tager sagen i egen hånd samt flygtningestrømme.

Zenia Stampe mente ikke, at truslen mod Danmark var 'stor', om end at IS på langt sigt kan inspirere euro-jihadister. I stedet udgør IS en trussel i form af overgreb mod lokale befolkningsgrupper og vil, også på langt sigt, med landerobringer kunne udgøre en 'safe haven' for terrorister.

En yderligere indikation på, hvor alvorlig truslen mod Danmark kan opfattes, fås i et spørgsmål til udenrigsministerens fremsættelse af forslag til folketingsbeslutning, B122. Her spørger Søren Espersen, om regeringen betragter "de danske jihadister i ISIL, som nu bliver danske soldaters fjende, som landsforrædere, og agter man i den forbindelse at søge disse tiltalt efter straffeloven"?[43] Svaret lød således: " Der kan rejses tiltale mod "danske jihadister i ISIL", i det omfang anklagemyndigheden vurderer, at de pågældende beviseligt har begået et strafbart forhold, som forfølges af det offentlige. Det bemærkes, at sagens behandling ved en

---

[43]

http://www.ft.dk/samling/20131/beslutningsforslag/b122/s pm/11/index.htm#nav dansk domstol forudsætter, at det pågældende forhold er undergivet dansk straffemyndighed".[44]

Udenrigsordførernes trusselsopfattelse af IS kan samlet set (bortset fra Enhedslistens) karakteriseres som 'globaliseret',[45] både i den forstand, at man anser overgreb i Mellemøsten som udfordring for Danmark, og i den forstand, at man opfatter en risiko for, at IS kan føre til terrorangreb også i Danmark.

Indsatsen mod IS: et reelt dilemma

Selvom terrorbevægelsen IS ikke havde anrettet voldsomme terrorangreb i Vesten, som al-Qaeda havde gjort det, samledes der i løbet af 2014 en større international koalition imod bevægelsen. Den danske indsats blev vedtaget i folketinget ved folketingsbeslutning B122 [46] fremsat af udenrigsminister Martin Lidegaard 25. august 2014, og baggrunden herfor var en anmodning fra den irakiske

---

[44]

http://www.ft.dk/samling/20131/beslutningsforslag/b122/s pm/11/svar/1152003/1394062.pdf

[45] 'Globaliseret' forstås i modsætning til national eller internationaliseret ved at dække interaktion af høj intensitet og rækkevidde på tværs af kontinenter (jf. Held m.fl. 1999/2000, s. 16).

[46]

http://www.folketingstidende.dk/RIpdf/samling/20131/besl utningsforslag/B122/20131_B122_som_fremsat.pdf regering. Danmark valgte at bistå indsatsen med at sende F-16-fly og støttepersonel til Irak.

Folketingets beslutning om at deltage blev vedtaget med stemmer fra alle partier bortset fra Enhedslisten og en løsgænger. Tilsagnet og udsendelsen af fly og personel blev givet på baggrund af anmodningen fra den irakiske regering og ud fra, at der ikke skulle danske kampstyrker på jorden, hvilket adskilte missionen fra fx den danske indsats i Afghanistan før 2014 og ikke mindst den tidligere mission i Irak fra 2003-2007.

Udenrigsordførerne var med undtagelse af Enhedslisten enige om, at det militære bidrag er væsentligt for at beskytte civilbefolkningen i dele af Irak, og for at afskære IS fra at få yderligere fodfæste og dermed mulighed for at ekspandere. Der var også enighed om, at man næppe kan 'nedkæmpe' IS militært, og at der er tale om en meget vanskelig opgave, men at det i sig selv er et mål at begrænse bevægelsen, og at det er nødvendigt med også andre tiltag i regionen for at begrænse rekruttering og virke. John Dyrby Paulsen pegede på, at man ikke skal undervurdere FN's rolle i forhold til en dialog om en politisk løsning i Syrien og i forhold til flygtningeproblematikken, men ellers var der ikke megen tro på FN's rolle blandt udenrigsordførerne. Nikolaj Villumsen (Enhedslisten) talte i medierne for, at FN burde have spillet en stor rolle og ledet en eventuel indsats.[47]

---

[47] http://www.jv.dk/artikel/1837924:Indland--EL--Kun-et-samlet-FN-kan-bekaempe-Islamisk-Stat

Den syriske præsident Assads forsøg på at nedkæmpe IS lige som den vestlige koalition, der på sin side også ser Assad-regimet som et stort problem, udgør et generelt dilemma ifølge udenrigsordførerne. Det var til gengæld enighed om, at dette ikke skulle forhindre koalitionen i at handle, og flere pegede på, at man i bedste fald vil kunne styrke den moderate opposition, som står over for både Assad-regimet og IS. Søren Espersen pegede desuden på, at en del af præsident Assads apparat stadig er intakt, og at det er vigtigt at overveje den efterfølgende situation i dette lys.

I forhold til indsatsen mod IS, udkrystalliserede der sig imidlertid også nogle uenigheder i løbet af debatten i 2014 samt nogle forskellige prioriteringer.

Enhedslisten stemte imod Danmarks militære bidrag til indsatsen i Irak. "Enhedslisten støtter ikke dansk deltagelse i en ny Irak-krig, som det jo er, når man sender kampfly, der skal bombe af sted", udtalte Nikolaj Villumsen til Politiken[48] i forbindelse med afstemningen herom. Omvendt mente Lars Barfoed, at det ikke havde været nødvendigt for Danmark at begrænse sin indsats til Irak, da der formentlig er en folkeretlig mulighed for også, i en legitim kamp mod en terrorbevægelse, at forfølge over grænser (fra Irak til Syrien), samt at andre militære støttemuligheder (som specialstyrker) også kunne indsættes. Flere andre mente, at

---

[48]

http://politiken.dk/udland/fokus_int/fokus_IS/ECE2407725/
enhedslisten-bryder-bred-dansk-opbakning-til-krig-mod-
islamisk-stat/

en Syrien-indsats blev vanskeliggjort af, at der ikke var lokale styrker på jorden, der kunne samarbejdes med.

Ordførerne gav derudover udtryk for en række forskellige prioriteringer i forhold til den danske indsats. Holger K. Nielsen pegede på, at det for det første er vigtigt at adskille IS fra de moderate muslimer og underminere dens dagsorden. For det andet, at det er vigtigt at håndtere flygtningeproblemet på europæisk plan på grund af dets omfang, og da nogle sydeuropæiske lande er overbelastede, kan en løsning i EU-regi være hensigtsmæssig.
Mette Bock lagde vægt på en opretholdelse af de liberal-demokratiske rettigheder, herunder en individuel behandling af flygtninge, pligten til at beskytte civilbefolkninger, samt at man skal undgå at involvere sig i 'nation-building', men overlade dette til lokale kræfter.

Lars Barfoed fremhævede nødvendigheden af sociale og uddannelsesmæssige tiltag i regionen: "veluddannede kvinder er et stærkt våben" i forhold til at begrænse tilgangen til radikale bevægelser.

John Dyrby Paulsen mindede om, at man ikke må overse, at IS udstiller de militaristiske dele af islam, og at det derfor at vigtigt at få sat ord på, at det er vold, der skal bekæmpes og ikke islam. Det er også vigtigt at inddrage arabiske lande og Iran i kampen mod IS, hvis en reel inddæmning skal finde sted.

Zenia Stampe mente, at Danmark bør specialisere sig mere i ting, der har været vanskelige tidligere som i f.eks. Afghanistan, herunder kendskab til "forhold på jorden", den "civile del" og "kulturforståelse".

Søren Espersen pegede på, at IS kan miste pusten og trænges tilbage, og at luftangreb kan være til stor nytte i forhold hertil. Hvis IS trænges tilbage, vil de radikale formentlig søge tilbage til al-Qaeda, der dog ikke har haft et karismatisk lederskab siden Osama bin Ladens død. I forhold til, at Danmark har valgt at prioritere Irak i forhold til Syrien, så Espersen ikke den store forskel, men pegede på, at Danmark med indsatsen i Irak har bidraget til at frigøre amerikanske ressourcer til brug for indsatsen i Syrien. FN har ikke kunnet gøre noget mod Islamisk Stat siden Rusland nedlagde veto i Sikkerhedsrådet mod indgreb.

Enhedslisten har prioriteret at ville støtte kurderne i Irak med våben og ammunition,[49] og har udtrykt kritik af, at missionen i Irak ikke er ledet af FN.

Søren Pind udtalte i et interview i Politiken, at "Jeg tror ikke, man kan gøre det uden styrker på jorden, og det er et resultat af den efterladenhed, man har udvist fra Vestens side".[50]

---

[49]   http://enhedslisten.dk/artikel/enhedslisten-stoetter-vaaben-til-kurderne-73152

[50]

http://politiken.dk/udland/fokus_int/fokus_IS/ECE2405410/soeren-pind-soldater-paa-landjorden-skal-stoppe-islamisk-stat/

Forslaget om landtropper fik Zenia Stampe til at reagere på Facebook et indlæg om, forslaget "er ikke bare urealistisk, men også direkte farligt", [51] da det ville føre til øgede rekrutteringsmuligheder for Islamisk Stat.

En globaliseret trussel fra en brutal, ubenævnelig modstander

I løbet af det første år efter Islamisk Stats fremmarch i især det nordlige Irak viste der sig en omfattende enighed blandt partierne i det danske folketing, bortset fra Enhedslisten.

For det første omfattede enigheden en globaliseret trusselsopfattelse. Der blev givet udtryk for, at Islamisk Stat kunne true både civilbefolkninger og mellemstatslig orden i regionen, samt at hjemvendte krigere udgjorde en potentiel trussel mod Danmark. Generelt set blev truslen opfattet som 'alvorlig'.

For det andet var der enighed om, at Islamisk Stat har ført sig frem med en særlig brutalitet, både i forhold til civilbefolkningen i området og til de videofilmede henrettelser af gidsler.

For det tredje var der enighed om omtalen af Islamisk Stat i den forstand, at Islamisk Stat blev fundet uværdig til sin egen

---

[51] 25/9-2015: https://da-dk.facebook.com/zeniastampe/posts/952995598049942

betegnelse. Italesættelsen af en udfordrers eget navn blev således direkte problematiseret. Der var også enighed om, at det var svært ikke at bruge betegnelsen af praktiske grunde, så pragmatisme var nødvendig.

For det fjerde var der enighed om, at der måtte en militær indsats til for at stoppe Islamisk Stats fremfærd og hindre den i at få større fodfæste. I forhold til indsatsen var der dog også enkelte større forskelle, primært i forhold til, om det danske mandat kunne have omfattet Syrien også, om det kunne have været udvidet med også andre typer militære bidrag, hvorvidt landstyrker kunne blive en option, samt i hvor høj grad den militære bistand bør suppleres med andre midler.

Alt i alt kan indsatsen i det første år beskrives i tråd med den aktivisme, der har præget dansk udenrigspolitik i tiden efter koldkrigsafslutningen (...)[52], og hvor flertallet har valgt at yde også militær støtte til USA-ledede koalitioner og politiske dagsorden.

Enhedslisten skilte sig ud fra den ellers brede enighed ved dels at stemme imod den danske indsats, dels ved at prioritere våbenhjælp til de irakiske kurdere – hvilket til gengæld ligger inden for en opfattelse af nødvendigheden af en form for militær indsats.

---

[52] Teksten henviste her til den specifikke udgivelseskontekst.

Med begreber fra den engelske skole[53] kan man sige, at det lykkedes for flertallet af partierne at forene 'orden' og 'retfærdighed' med indsatsen: den fandt sted på anmodning af den irakiske regering og kan således ikke siges at krænke suverænitet, men opfylder 'orden', og på den anden side refererede flertallet til beskyttelse af civile og dermed 'retfærdighed'.

Dansk udenrigspolitik er blevet beskrevet som værende 'international aktivisme' og endog 'militaristisk aktivisme' i tiden efter den kolde krigs ophør. Dette modsvares af flertallets globaliserede trusselsforståelse og indsatsens karakter i form af indgriben med militære midler – uden om FN.

Flertallet gav udtryk for at være principielt forberedt på, at Islamisk Stat kan udvikle sig. Enten ved at splittes i forskellige fraktioner, ekspandere (til Nordafrika og andre steder), vinde yderligere frem i Irak og Syrien, eller eventuelt svækkes som følge deres territoriale ambition. Som følge af udviklingsmulighederne blev der peget på, at man må overveje, hvordan man skal håndtere IS efterfølgende, hvad man stiller op med eventuelt 'arbejdsløse krigere', og hvordan man hindrer, at Syrien bliver en fuldstændigt fejlslagen stat.

To ordførere havde allerede i september 2014, i forbindelse med vedtagelse af den danske indsats i Irak, forpligtet sig

---

[53] Om den engelske skole, se Knudsen, 2012.

offentligt i forhold til spørgsmålet om landtropper. Hvis Islamisk Stat ikke kan bekæmpes uden eller fortsat styrkes, burde Danmark så også bidrage på jorden? Søren Pind fra Venstre argumenterede herfor, mens Zenia Stampe afviste landtropper med den begrundelse, at det ville være "direkte farligt" og udtryk for "sædvanligt vestligt overmod".

Tidligere har der været debat om, hvorvidt Vesten burde indgå i statsopbygning[54] efter interventioner for derved dels at hindre nye problemer og undgå fejlslagne stater, dels for at påtage sig ansvar for også denne del af en problemløsning. I forhold til udfordringen fra Islamisk Stat, blev 'statsbygning' kun nævnt i beskedent omfang, og en enkelt ordfører, Mette Bock, mente, at man skulle holde sig fra statsbygnings-bestræbelser, da de kunne ses som fornyet imperialisme. I forhold til de tidligere debatter er situationen dog også anderledes, da Irak dels er i gang med genopbygning, dels anses problemet overvejende som politisk (shiitisk-ledede regeringers forfordeling af den sunnimuslimske befolknings-gruppe), og Syrien befinder sig i en igangværende borgerkrig.

Partierne synes i samklang med deres vælgere. Som nævnt, svarede 93 % af danskerne i efteråret 2014, at de fandt truslen fra IS alvorlig. Også internt i partierne synes der at have været overvejende enighed om opfattelsen. Kun Enhedslisten har haft en markant offentlig uenighed. I oktober 2014 skrev partiets daværende udenrigsordfører,

---

[54]   Flockhart   2007,(http://www.kristeligt-dagblad.dk/kronik/n%C3%B8glen-til-succesfuld-statsbygning-ligger-i-detaljen).

Christian Juhl, i et indlæg i Politiken, at "der skal indgås dialog med IS".[55] Kort efter besluttede Enhedslisten at degradere Christian Juhl som udenrigsordfører og frasagde sig synspunktet om dialog.[56]

Enighed og aktivisme

Da Islamisk Stat i 2014 fortsatte sin fremmarch og indtog større områder i Irak, viste der sig at være en grundlæggende enighed blandt folketingets partier, bortset fra Enhedslisten, om IS's karakter, truslen herfra og indsatsen imod. Indsatsen som led i en amerikansk-ledet koalition cementerede desuden den aktivisme, der har præget dansk udenrigspolitik i tiden under den nye verdensorden efter 1989 – og som modsvarer de mange forandringsprocesser som ikke mindst Mellemøsten stadig gennemgår i tilpasningen hertil.

---

[55] Juhl, 2014 (http://politiken.dk/debat/debatindlaeg/ECE2426747/bomb er-er-ikke-den-eneste-mulighed-i-syrien-og-irak/).
[56] www.dr.dk/Nyheder/Politik/2014/10/21/1021152539.htm , Indlægget førte dog til intern debat i Enhedslisten, hvor flere forsvarede Christian Juhls synspunkt. Se http://modkraft.dk/artikel/hvad-skrev-christian-juhl.
Indlægget førte dog til intern debat i Enhedslisten, hvor flere forsvarede Christian Juhls synspunkt. Se http://modkraft.dk/artikel/hvad-skrev-christian-juhl

Litteratur

Flockhart, Trine (2007), ”Nøglen til succesfuld statsbygning ligger i detaljen”. Kronik i Kristeligt Dagblad, 20. juni 2007

Hansen, Birthe (2007), "What's in the name of a War?: the politics of designating wars in the Middle East" *Paper til BISA Annual Conference*, University of Cambridge, 17-19 December, 2007.

Held, David (og andre), (2000), *Global Transformations*. Cambridge: Polity Press, 1999/2000: 16

Juhl, Christian (2014), ”Bomber er ikke den eneste mulighed i Syrien og Irak”, *Politiken*, 17. oktober 2014

Knudsen, Tonny Brems (2012), ”Den engelske skole og den humanitære intervention i Libyen: legitimitet, dilemmaer og stormagternes rolle”. I L. Anderson m.fl. (red.): *IP i Praksis*. København: Jurist- og Økonomiforbundets Forlag.

Læren fra Herostratos[57]

Angiveligt nedbrændte Herostratos et tempel i antikkens Lilleasien. Grunden var, at han ville være berømt og ikke kunne finde på andre – mere konstruktive måder – at blive det på. For at sikre at andre ikke fulgte hans eksempel, besluttede de øvrige borgere aldrig at omtale hændelsen. Den gevinst skulle Herostratos ikke have.

I moderne, demokratiske samfund kan vi ikke bruge denne strategi. Det er imidlertid på tide, at danske medieredaktioner gentænker deres strategi for dækning af terrorisme. Terroristerne får simpelthen for meget – tænk, hvad de har fået af dækning og reklame på baggrund af 9-11!

Mange terrorister i dag adskiller sig ikke så forfærdelig meget fra Herostratos. Vi går helt fejl, hvis vi bruger for mange kræfter på at forstå dem, deres motiver og deres særlige version af en bestemt ideologi eller religion. Undersøgelser viser nemlig, at mange terrorister vil have gang i den, de vil opnå en (herostratisk) form for berømmelse, og de tager et politisk valg til fordel for deres egen sag. Kort sagt vil de have deres vilje, selv om de er i mindretal, og det må gerne ske ved hjælp af et stort og berømmende brag.

Selv om ikke alle terrorister er ens, viser forskningen nogle fællestræk. Vi ved også, at terrorister er dybt afhængige af medierne. Terrorisme er per definition et middel, hvor man

---

[57] Hidtil upubliceret, skrevet 2006.

bruger vold for at skabe rædsel, så man dermed påvirke langt flere mennesker, end dem der bliver direkte ramt af selve voldshandlingen. Hvis ikke terroristerne havde medierne, kunne de ikke skabe rædsel, rekruttere nye terrorister eller påvirke opinionen til fordel for deres sag.

Medierne kan omvendt også drage fordel af terrorisme. Terrorangreb giver dramatiske billedstof, og billederne taler til både rædsel og fascination. Når man dækker en terrorhandling, er der imidlertid tale om en 'investering'. Det er vigtigt at kunne præsentere 'breaking news'. Det koster journalisttimer, transport af tv-kameraer osv.

Derefter er det nærliggende at følge historien op på en mindre omkostningsfuld måde. Det kan f.eks. være at udnytte de telegrambureauer, man i forvejen abonnerer på, og som typisk også udsender baggrundsstof. Så kan man gå i dybden og pirke i spørgsmålet om, hvad der dog får nogle til at begå massemord. Det kan der skrives nogle case-artikler om. Undervejs kan man bruge nogle forskere eller eksperter. Endelig kan man stille sine debatsider til rådighed, hvor med man får en række meninger – gratis.

Medieudviklingen i sig selv gør en forskel. Da de trykte medier – aviserne – kom frem, blev der bedre muligheder for at komme 'på'. Derefter gjorde rotationspressen en forskel (for de russiske anarkister), da det blev muligt hurtigt at massedistribuere nyheder. Radio, tv og Internettet har givet endnu bedre betingelser for terrorister. Terroristers medie-strategi er da også primært rettet mod de store tv-stationer, hvis grupperne har ressourcer nok. Ellers er Internettet blevet et foretrukket medium.

Man kan ikke forestille sig et åbent, demokratisk samfund uden ytringsfrihed og medier. Man kan heller ikke forestille sig, at et omgivende fællesskab ikke havde brug for at bearbejde større terrorangreb, eller at offentligheden ikke havde brug for oplysninger om dets rækkevidde og konsekvenser. Endelig kan man ikke forestille sig, at offentligheden ikke skulle have en hånd fra pressen til at følge med i, hvordan myndighederne tackler terrorbekæmpelsen. Også her er der brug for nogle kritiske vagthunde for at sikre balancen mellem frihed og sikkerhed.

Når man dækker emnet terrorisme på denne baggrund, kan man gøre det på flere måder. Her er to eksempler, hvor journalister har ringet til en terrorisme-forsker. Det ene viser en aldeles ryggesløs til gang, og det andet en høj grad af selvpålagt ansvarlighed.

I det første – ryggesløse – eksempel ringer en journalist og siger til forskeren (mig): 'Der er lavet en undersøgelse, der viser, at mange amerikanere tror, at der var en konspiration bag 9-11. Hvad tror danskerne'? Svaret er, at forskeren ikke er bekendt med, at der foreligger en sådan undersøgelse. Journalisten fortsætter: 'Jamen kan du så ikke sige noget om det? Jeg skal have lavet en historie om det'. Det næste svar er, at det kan forskeren ikke uden f.eks. en undersøgelse at bygge en udtalelse på. Journalisten havde ikke brug for viden, men for at få en 'ekspert' ind over endnu en 9-11-relateret historie. Det fik vedkommende ikke.

I det andet – ansvarlige – eksempel bliver forskeren (også mig) ringet op af en journalist, der spørger: 'Hvordan vil terrorismen udvikle sig fremover? Det er klart, at der allerede nu forskes i den næste terrorbølge og i, hvordan terrorisme generelt vil udvikle sig. Men man skal ikke give nogen gode idéer. Så det ville forskeren helst ikke svare på. Journalisten sagde, at det egentlig var en god pointe og ville lige vende sagen med sin redaktion. Han vendte hurtigt tilbage og fortalte, at hans redaktion var enig. Vi lavede derefter et interview om noget andet.

Demokratier er yndede mål. I diktaturer er der ingen offentlighed, og myndigheder har langt færre hæmninger, når det gælder repression mod oppositionsgrupper. I demokratierne er der imidlertid altid alternative kanaler. Dem havde terroristerne havde kunnet bruge, hvis de ville gøre opmærksom på deres utilfredshed. Men de tog et valg. De valgte, at de hellere ville begå mord end følge demokratiske spilleregler.

Skal vi hjælpe grove forbrydere med at sprede deres budskab? Et budskab, der kunne fremmes på mange andre måder, og som måske slet ikke var grunden til, at de fandt på at blive terrorister?

Al-Qaeda har haft én stor mediesucces: 11. september-angrebene. Vi har været nødsaget til at forholde os til angrebene og til, at de var en del af en større terrorbølge. Det er imidlertid helt ubegribeligt, hvordan medierne i den vestlige verden har markeret femårsdagen i sidste uge. Billede på billede på billede af de to flys torpedering af tvillingetårnene har været bragt. Hvad lægger det til vores forståelse eller til terrorbekæmpelsen?

Der *er* et dilemma mellem terroristers medieorientering og ytringsfriheden i demokratiske samfund. Der er også omkostninger ved demokrati. Vi kan og ønsker ikke at censurere medierne.

Der er imidlertid andre veje frem. For eksempel selvbeherskelse og selvpålagt ansvarlighed. Man kan jo vurdere, om man skal bringe en nyhed eller noget stof ud fra almindelige kriterier om relevans, nyhedsværdi, validitet og så videre – også selv om der er tilbud om 'godt' billedstof. Redaktørerne kunne opstille nogle praktiske forholdsregler, der hindrer udnyttelse af terrorangreb og giver terroristerne reklame.

Man kunne også sørge for, at journalisterne er så godt uddannede som muligt. De skal kunne vurdere stoffet, stille gode spørgsmål og ikke for hurtigt gå terroristernes ærinde. Historien om Herostratos burde måske være fast pensum på journalisthøjskolerne sammen med de vigtigste forskningsresultater om terrorisme.

Et yderligere argument er, at der faktisk ikke er grund til at spørge for dybt. Der er efterhånden en del viden om Al-

Qaeda-bølgens terrorister. De er hverken 'stakler' eller 'mystiske'. De er simpelthen nogle utilfredse forbrydere med et herostratisk anstrøg.

Der er et grundlæggende dilemma mellem frihed og sikkerhed i demokratier. Men friheden hverken må og eller behøver at lide overlast, fordi medierne tænker sig om. Man kunne fratage potentielle terrorister et incitament, mindske gruppernes rekrutteringsgrundlag, samt styrke demokratiet, hvis medierne blev lidt mere tilbageholdende med at dyrke nutidens herostrater.

Samlet litteratur

Ajami, Fouad (1993) 'Comments. Responses to Samuel P. Huntongton's 'The Clash of Civilizations'. Foreign Affairs, September/October.

Ajami, Fouad (1992): *The Arab Predicament*. Cambridge: Cambridge University Press, Canto.

Alexander, Yonah, and Michael S. Swetnam (2001): *Usama bin Laden's al-Qaida: Profile of a Terrorist Network*. Ardley, NY: Transnational Publishers.

Al-Sayyid, Mustapha Kamal (1995): 'The Concept of Civil Society and the Arab World'. In Brynen, Rex, B. Korany, and P. Noble (eds.): *Political Liberalization and Democratization in the Arab World, Vol. 1: Theoretical Perspectives*. Boulder: Lynne Rienne Publishers.

Andersen, Lars Erselv og Jan Aagaard (2002) *Den afghanske forbindelse*. København, Mellemfolkeligt Samvirke.

Anderson, Lisa (1991): 'Absolutism and the Resilience of Monarchy in the Middle East'. *Political Science Quarterly*, Vol. 106:1, pp. xx.

Barak, Eitan (2003): 'Where Do We Go From Here? Implementation of the Chemical Weapons Convention in the Middle East in the Post-Saddam Era'. *Security Studies 13*, No. 1, Autumn, pp. 106-155.

Barnett, Michael (1993): 'Institutions, Roles, and Disorder: The Case of the Arab State System'. *International Studies Quarterly*, Vol. 37:3, September, pp. 271-296.

Beck, Ulrich (1992) *Risk Society. Towards a New Modernity*. London, Sage.

Bourdieu, Pierre, m.fl. (1999) *The Weight of the World*, Polity Press, Cambridge.

Bush, George W. tale ved besøg på The Islamic Center of Washington, 17 september 2001: http//whitehouse.gov/news/releases/2001/09/20010917-2.html

Castells, Manuel (2003) *Netværkssamfundet og dets opståen*. Hans Reitzels Forlag, København.

Cordesman, Anthony (1999): *Iraq and the War of Sanctions.* Westport, Conn.: Praeger. Cordesman, Anthony (1997) *U.S. Forces in the Middle East. Resources and Capabilities.* Boulder, Westview Press.

Cordesman, Anthony H., and Ahmed S. Hashim (1997): *Iraq. Santions and Beyond.* Boulder: Westview Press (CSIS).

Crenshaw, Martha (2000): 'The Psychology of Terrorism: An Agenda for the 21st Century'. *Political Psychology*, Vol. 21, No. 2, (pp. 405-420).

Downey, Dennis B. (2000) 'Domestic Terrorism. The Eemy Within'. *Current History* Vol. 99: 636, April, pp. 169-73.

Easton, David (1998) 'Om at analysere politiske systemer' I B. Hansen og C. Jensen: Grundbogen I Statskundskab. København, Akademisk Forlag.

EU's overvågningscenter for racediskrimination og fremmedhad: http://politikken.dk 23. Maj 2002.

Giddens, Anthony (1999) *Runaway World. How Globalization is Reshaping Our Lives*. London, Profile Books.

Gress, David (2001) 'Religion. Kampen med den rabiate islam'. *Politikken*, 20. oktober.

Gunaratna, Rohan (2004): 'Al-Qaeda adapts to disruption'. *Jane's Intelligence Review*, February 0.

Gunaratna, Rohan (2002): *Inside al-Qaida – Global Network of Terror*. New York: Colombia University Press.

Flockhart, Trine (2007), "Nøglen til succesfuld statsbygning ligger i detaljen". Kronik i Kristeligt Dagblad, 20. juni 2007

Foreign Affairs www.foreignaffairs.org/home/terrorism.asp.

Hansen, Birthe (1993) 'Fundamentalismen i Mellemøsten'. *Udenrigs* nr. 4.

Hansen, Birthe (2000): *Unipolarity and the Middle East*. Richmond: Curzon.

Hansen, Birthe (2001) *Terrorisme – de utilfredse og den nye verdensorden*. København, Lindhardt og Ringhof.

Hansen, Birthe (2002): *Terrorisme på Tværs*. København: Frydenlund.

Hansen, Birthe (2002): 'Terrorisme i et verdensordensperpektiv. *Politologiske Studier*, Vol. 5:3, september, pp. 15-27.

Hansen, Birthe (2003): *Overmagt – USA og Europa i det 21. århundrede. København*: Gyldendal.

Hansen, Birthe (2003) *At definere terrorisme*. København, Institut for Statskundskab. Arbejdspapir 08.

Hansen, Birthe (2007), "What's in the name of a War? the politics of designating wars in the Middle East" *Paper til BISA Annual Conference*, University of Cambridge, 17-19 December, 2007.

Hansen, Birthe, og Kajsa Ji Noe Pettersson (2001): Terrorisme – 'information og kilder'. DUPI *Fokus* nr. 4.

Harmon, Christopher C. (2000): *Terrorism Today*. London: Frank Cass.

Hasain, Mir Zohair (1995) *Global Islamic Politics*. New York, HarperCollins Publishers.

Haselkorn, Avidor (1999): *The Continuing Storm. Iraq, Poisonuous Weapons, and Deterrence*. New Haven, Conn.: Yale University Press.

Held, David et. al. (1999, reprint 2000) *Global Transformations. Politics, Economics and Culture*. Oxford, Polity Press.

Hellevik, Ottar Hellevik (1977) *Forskningsmetode I sociologi og statsvitenskap*. Oslo, Universitetsforlaget.

Henry, Clement and Robert Springborg (2001) *Globalization and the Politics of Development in the Middle East*. Cambridge, Cambridge University Press.

Hirst, Paul og Graehame Thompson (2001) *Globalisering til debat.* Hans Reitzels Forlag, København.

Hoffman, Bruce (1998): *Inside Terrorism*. New York: Colombia University Press.

Hubback, Andrew (1997): 'Apocalyse When? The Global Threat of Religious Cults'. *Conflict Studies* 300, June.

Huntington Samuel P (1991) *Democratization in the Late Twentieth Century*. Oklahoma, University of Oklahoma.

Huntingtom, Samuel P. (1997) *The Clash of Civilizations and the Remaking of the World Order*. London, Simon Schuster Ltd.

Huntington, Samuel P. (2001/2002) 'The Age of Muslim Wars.' *Newsweek*, Special Issue.

Husain, Mir Zohair (1995): *Global Islamic Politics*. New York: HarperCollins College Publishers.

Jensen, Carsten (2003) 'Terrorisme og globalisering' i *FFH-bladet* nr. 47, september.

Joffé, George: 'International Implications of Domestic Security'. *EuroMesSCo Papers* 9, Lisboa.

Juergensmeyer, Mark (2000): 'Understanding the New Terrorism'. *Current History*, April.

Juergensmeyer, Mark (2001): *Terror in the Mind of God*. Berkeley: University of California Press.

Keane, John (1996): *Reflections on Violence*. London: Verso.

Kellman, Barry (1999): 'Catastrophic Terrrorism – Thinking Fearfully, Acting Legally'. *Michigan Journal of International Law*, Vol. 20:537, Spring 1999 (pp. 537-64).

Juergensmeyer, Mark (2001) *Terror in the Name of God*, Berkley, Berkeley University Press.

Juergensmeyer, Mark (2000) 'Understanding the New Terrorism.' *Current History*. Vol. 99.636, April. Pp. 158-163.

Juhl, Christian (2014), "Bomber er ikke den eneste mulighed i Syrien og Irak", *Politiken*, 17. oktober 2014

Karsh, Efraim, and Inari Rautsi (1991): *Saddam Hussein: A Political Biography*. Aylesbury (G.B.): Futura.

Khalaf, Roula (2003): 'Media Perspectives on Public Opinion and the New Security Challenges: September 11 and the Arab Press'. *IISS Global Strategic Review*.

Knudsen, Tonny Brems (2012), "Den engelske skole og den humanitære intervention i Libyen: legitimitet, dilemmaer og stormagternes rolle". I L. Anderson m.fl. (red.): *IP i Praksis.* København: Jurist- og Økonomforbundets Forlag.

Krasner, Stephen D. (1991) 'Global Communications and National Power' *World Politics*, vol. 43:3.

Kepel, Hilles (1993) *Muslim Extremism in Egypt – the Prophet and Pharao.* California, California University.

Levitt, Mathew (2006) *Politics, Charity and Terrorism in the Service of Jihad.* New Haven and London: Yale University Press.

Lindblad, Ingemar (1972) Om den politiske ventenskapens grundar. Stockholm, Almquist och Wiksell. Link, Werner (1986) *The East-West Conflict.* UK, Berg Publishers.

Linz, Juan J., and Alfred Stepan (1996): *Problems of Democratic Transition and Consolidation. Southern Europe, South America, and Post-Communist Europe.* Baltimore: Johns Hopkins University Press, 1996.

Luciani, Giacomo (2005): 'Oil and Political Economy in the International Relations of the Middle East'. In *Fawcett 2005*, pp. 131-149. Laqueur, Walter (1987) *The Age of Terrorism.* Boston, Little, Brown.

Pedersen, Peter J. (2002) *Den nye verdensorden og de nye utilfredse i Østereuropa.* Opgave, Institut for Statskundskab, Københavns UNiversitet.

Pipes, Daniel (2002) 'God and Mammon'. *The National Interest,* no. 62.

Rapoport, David C. The Forth Wave: September 11 in the History of Terrorism'. *Current History,* December. Pp. 419-424.

Taylor, Max and John Horgan, eds. (2000) *The Future of Terrorism.* London, Frank Cass.

Mackinley, John (2002) *Globalization and Insurgency.* IISS, London.

Monaghan, Rachel (2000): 'Terrorism and Counter-Terrorism in a Multi-Centric World: Challenges and Opportunities'. I *Taylor and Horgan,* 2000.

Mozaffari, Mehdi (2004): 'Reshaping the Middle East: Why and how?' *Working Paper*, Department of Political Science, University of Aarhus, October.

Nakano, Osamu (1998): 'A Modern View of Violence'. *Journal of Japanese Trade & Industry*. September-October.

Netanyahu, Binyamin, ed. (1986): Terrorism: *How the West Can Win*. New York: Farrar, Straus Giroux, 1986.

Norris, Pipa and Ronald Inglehart (2002) 'Islam and the West' http:/ksghome.harward.edu/-pnorris.sharenstein.ksg/news.thm.5/6/2002.

Norton, Augustus Richard (2005): 'The Puzzle of Political Reform in the Middle East'. In *Fawcett 2005*, pp. 131-150.

Onwudiwe, Ihekwoaba D. (2001): *The Globalization of Terrorism*. Aldershot: Ashgate.

Pape: Robert A. (2003): 'The Strategic Logic of Suicide Terrorism'. *American Political Science Review*, Vol. 97:3, August.

Porter, Bruce (2003) *War and the Rise of the State*. New York: Free Press.

Rapoport, David C. (2001): 'The Fourth Wave: September 11 in the History of Terrorism'. *Current History*, December.

Rapoport, David, C. (1999): 'Terrorism'. In Lester R. Kurtz, and Jennifer E. Turpin (eds.): *Encyclopedia of Violence, Peace and Conflict*. London: Academic Press.

'Sagsnotat vedr. Beredskab på KU' (2003). København, Teknisk Administration, Københavns Universitet, 22. Oktober.

Scmid, Alex P. (1984) Political Terrorism. A Research Guide to Concepts, Theories, Data Bases and

Litterature. Amsterdam: North-Holland Publishing Company.

Stump, Roger (2000): *Boundaries of Faith*. Oxford: Rowman & Littlefield Publishers.

Schweitzer, Yoram, and Shaul Shay (2003): *The Globalization of Terror. The Challenge of Al-Qaida and the Response of the International Community*. London: Transaction Publishers.

Talbot, Strobe (2000) 'Selfdetermination in an Interdependent World'. Foreing Policy 118, Spring, s 152-164.

Taylor, Max and John Horgan, eds. (2001): *The Future of Terrorism*. London: Frank Cass.

Telhami, Shibley (2001) 'Its Not About Faith. A Battle for the Soul of the Middle East'. *Current History*, December. Pp. 415-418.

'Transnational terrorism after the Iraq war'. *IISS Strategic Comments*, Vol. 9:4, June 2003.

Weinberg, Leonard and William Eubank (2000) 'Terrorism and the Shape of Things to Come'. I Taylor and Horgan.

Wilkinson, Paul (2001) *Terrorism Versus Democracy. The Liberal State Response*, London, Frank Cass. U.S. Department of State (2001): *Patterns of Global Terrorism 2000. Annual Report*. Washington, D.C., April. http://www.state.gov.

van Crefeld, Martin (1991): *The Transformation of War*. New York: The Free Press/MacMillan.

Waltz, Kenneth N. (1979): *Theory of International Politics*. New York: Random House.

Wilkinson, Paul (2001) Terrorism vs. Democarcy: The Liberal State Response. London, Frank Cass.

Paul Wolfowitz, tale den 3. Maj 2002:
http:/www.defenselink.mil
Wæver, Ole (1997) *Concepts of Security*,
København, Institut for Statskundskab.

Andre kilder:
Berlinske Tidende
Information
Jyllands Posten
Politiken
Dr.dk
Bbc.co.uk
AdvokatNet.dk
Imi.org/home.sap
Cs.monitor.com
Mipt.org

Første bog om 11. september[58]

Af Peter Hagmund

Lindhardt og Ringhof kom først med en bog om den verdens-omspændende terrorisme, set i lyset af begivenhederne den 11. september. På tirsdag udkommer lektor Birthe Hansens "Terrorisme - de utilfredse og en nye verdensorden", en bog, som forlaget bestilte hos forfatteren, da hun havde optrådt på tv som specialist i international terror i de hektiske dage efter angrebet på New York og Washington. Ifølge forlaget er der muligvis tale om den første bog i verden om emnet.

Selvom Birthe Hansen har haft mindre end én måned til at skrive den første danske bog om emnet, mener hun, at det har været tid nok til at skrive en grundig bog:

- Dette er et område, jeg har arbejdet med i 10 år, så jeg kendte alt materialet og alle problematikkerne, inden jeg begyndte at skrive. Det var bare at gå i gang. Det var noget, der gerne ville ud, siger Birthe Hansen, der er lektor i international politik ved Københavns Universitet og konsulent for Dansk Udenrigspolitisk Selskab. Hun har tidligere skrevet en række bøger om sikkerhedspolitik, forsvar og Mellemøsten.

"Terrorisme - de utilfredse og en nye verdensorden" beskriver terrorismens nye ansigt efter 11. september og forsøger

---

[58] *Fyns Amtsavis*, 20 november, 2001.

at give en række bud på, hvordan terrorister tænker, hvad deres logik er, og hvorfor terrorisme opstår.

- Frygten for terrorismen er noget, amerikanerne har haft i mange år. I Europa har vi haft det længere på afstand, selvom vi har haft den klassiske form for terrorisme ind på livet i mange år - den form, der handler om løsrivelse. Men IRA's eller baskernes terrorisme koncentrerer sig overvejende om de områder, hvor kampen finder sted. Vi mærker ikke meget til Real IRA i København, siger hub.

- Så selvom Europa har en meget mere omfattende terror-bekendtskab end amerikanerne, har vi ikke hidtil været ramt af den mere udadvendte terrorisme, som amerikanerne er blevet ramt af. Det, der skete den 11. september, var noget nyt. Derfor var der også brug for en ny bog, der beskriver årsager og baggrunde, siger Birthe Hansen.

Terroren kender ikke til forbehold[59]

Af Pia Fris Laneth

*Internationalt antiterrorsamarbejde er nødvendigt, og derfor bør de danske forsvarsforbehold fjernes hurtigst muligt, mener **Birthe Hansen**, lektor i international politik*

Jo, Danmark kunne blive et mål for terrorisme på grund af landets åbenhed og udstrakte loyalitet med USA, mener Birthe Hansen, som er lektor i international politik på Københavns Universitet.

I sin debatbog *Terrorisme - de utilfredse og den nye verdensorden*, der udkommer i morgen, argumenterer hun for, at vi bliver nødt til både at sikre os med et omfattende beredskab, og stryge de danske forsvarsforbehold. Risikoen for terrorangreb i Danmark er ikke særlig stor, understreger Birthe Hansen: »Men pointen er, at man ikke kan udelukke, at det sker. Derfor skal vi acceptere, at der ofres penge på at uddanne og opretholde et forholdsvis stort og veluddannet beredskab, med folk, som ved, hvad de skal gøre, hvis det værst tænkelige sker. Vi skal acceptere, at der for eksempel går ressourcer til lagre af vaccine, som man forhåbentlig aldrig får brug for.«

Det latinske ord 'terror' betyder rædsel, og det er netop terrorismens logik at sprede rædsel: »Jo mindre forberedt et

---

[59] *Information*, 26. november 2001.

land er på angreb, desto lettere er det at skabe kaos - og desto mere fristende bliver landet som mål for terrorister. Det er så et politisk spørgsmål, hvor høj en pris man vil betale for at forsikre sig,« siger Birthe Hansen.

I sin bog prøver hun at forklare de nye former for terrorisme, som er vokset frem efter den kolde krig: »Man kan sige, at de nye terrorister er ægte globaliserede. De er organiserede i netværk, der effektivt kan udnytte globaliseringen teknologi og muligheder for at rejse frit til deres fordel. De opererer faktisk grænseløst, og opholder sig i forskellige lande afhængigt af, hvilken rolle den enkelte spiller i netværket.«
»Nyt er også, at de er i stand til at lave et angreb i den størrelsesorden som vi så den 11. september inde i USA. Når terroristerne er blevet så globalt organiserede, bliver dem, der bekæmper terroristerne også nødt til at være det. Derfor bør de danske forbehold over for forsvarssamarbejde i EU fjernes så hurtigt som muligt,« siger hun.

Den svære definition

FN har aldrig fået en fast definition af terrorisme, fordi grænselandet mellem oprør, frihedskamp, mellem civil og statslig terror er et politisk minefelt, understreger Birthe Hansen. I sin bog koncentrerer hun sig om civile gruppers planlagte brug af uforudsigelig vold mod regeringer, offentligheder eller individer med et politisk formål: »I forhold til sondringen mellem frihedskæmpere og terrorisme, er den mest udbredte opfattelse i dag nok, at civile personers angreb på og i demokratiske samfund anses for at være terrorisme, mens angreb i autoritære regimer og diktaturer bliver tolket som oprør og frihedskamp.«

»Det vil blive kategoriseret som oprør, hvis nogen prøver at vælte Saddam Hussein i Irak, mens et angreb i Danmark klart vil blive anset for terror,« siger hun.

Men hvem, der bliver stemplet som terrorist afhænger i høj grad af den politiske sammenhæng. Arafat er eksempel på en person, som tidligere blev betragtet som terrorist, men nu er legitim politisk repræsentant for det palæstinensiske folk. De palæstinensiske selvmordsbombere opfatter sig selv som frihedskæmpere, men ud fra Birthe Hansens definition er de terrorister:

»Ingen lande vil kunne lade selvmordsbombere operere uden at gøre gengæld. En stat skal beskytte sine borgere mod angreb. Den vanskelige diskussion er så, om Israel gør det på den mest hensigtsmæssige måde.«

»Debatten om hvem, der er terrorister, er absolut hedest i grænsetilfælde som den israelsk-palæstineneske konflikt. Jeg har læst mig gennem de danske avisers dækning af konflikten siden Al Aqsa-intifadaen brød ud sidste efterår. Meningerne er virkeligt delte. Men i sammenligning med for ti år siden taler mange flere nu om den palæstinensiske frihedskamp,« siger Birthe Hansen.

Utilfredsheden

En ofte hørt forklaring på terrorisme er den globaliserede verdens ulige fordeling af goder. Det er imidlertid kun en del af historien, mener Birthe Hansen: »Terrorgruppernes medlemmer kommer ikke fra de fattigste lande, eller fra fattige vilkår. Men dels legitimerer nogle af grupperne deres handlinger med ulighed. Dels skaber fattigdom og ulighed en stor gruppe utilfredse mennesker, som støtter terrorgrupperne - og udgør et stort rekrut-teringsgrundlag.«

Hun kalder 90ernes terror for 'pressionsterrorisme' fordi grupperne ikke har klare, afgrænsede mål: »Det er ikke en modstands-, men en modstanderbevægelse. I stedet for at stille konkrete krav, er der snarere tale om, at de ønsker at presse den amerikanske indflydelse - i bred forstand - tilbage.«

»Terrorgrupperne vokser ikke frem, hvor folk har det aller-værst. Men tværtimod der, hvor mange har noget, de nødigt vil miste - deres identitet, sandheden om deres liv, såvel som deres fremtidige rigdom, magt og position.«

Derfor peger Birthe Hansen på, at terroristers vigtigste motivation er utilfredshed, uanset om begrundelsen for deres handlinger er etnisk, religiøs eller ideologisk. Og USA's position fremprovokerer utilfredshed: »USA står for udbredelse af markedsøkonomi og demokrati, som mange mennesker føler sig truede af. Før i tiden kunne de modarbejde udviklingen ved f.eks. at alliere sig med Sovjet. I dag er der ikke rigtig noget alternativ til USA.«

»Det betyder, at fokus flyttes fra 'hvem skal vi holde med' til 'hvordan bekæmper man USA'« siger hun.

I bogen sætter Birthe Hansen også fokus på det klassiske dilemma mellem overvågning af potentielle terrorister og beskyttelsen af de borgerlige frihedsrettigheder: »Siden forrige århundrede har indre eller ydre trusler i demokratiske samfund resulteret i, at der periodevis er sket indskrænkninger i frihedsrettighederne. Det ser vi også efter den 11. september. Den gode ved den terrorpakke, som Nyrup fremlagde før valget, var, at den sendte et kraftigt signal om, at vi tager terrorisme alvorligt.«

»Lovforslagene havde imidlertid nogle lidt betænkelige elementer. Som fx forslaget om, at man må ransage et privathjem flere gange, hvis man blot en gang har fået en dommerkendelse.«

»Meningen er jo ikke, at det skal lykkes internationale terrorgrupper at forandre vores retssamfund til et samfund, vi ikke vil have,« siger Birthe Hansen.

Bogudgivelser af Birthe Hansen:

Fredsprocessen i Mellemøsten, 1994.
European Security 2000, 1995.
The Baltic States in World Politics, 1998.
Politik i Mellemøsten, 1998.
Grundbogen i Statskundskab (med Carsten Jensen), 1998.

Unipolarity and the Middle East, 2000.
The New World Order (med Bertel Heurlin), 2000.
Nye våben i syd, 2001.
Terrorisme – de utilfredse og den nye verdensorden, 2001.
Tyrkiets Dilemmaer. Tyrkiets politik, EU og USA, 2003.
Good Cop, Bad Cop. Transatlantic Dilemmas, 2003.
Overmagt. USA og Europa i det 21. århundrede, 2003.
Security Strategies and American World Order (med Peter Toft og Anders Wivel), 2009.

Unipolarity and World Politics, 2011.
Lebanon. Strategic and Military Dimensions (med Bertel Heurlin) 2011
Kenneth Waltz, 2011.
Demokrati i Mellemøsten (med Carsten Jensen), 2012
Terrorisme på tværs, 3. udgave (med Carsten Jensen), 2018.

Mellemøsten i opbrud, 2020.
Den mindst ringe verdensorden, 2022.